电子商务类专业
创新型人才培养系列教材

电子商务
客户服务

微|课|版

王璐 方贝贝 / 主编
李婷婷 / 副主编

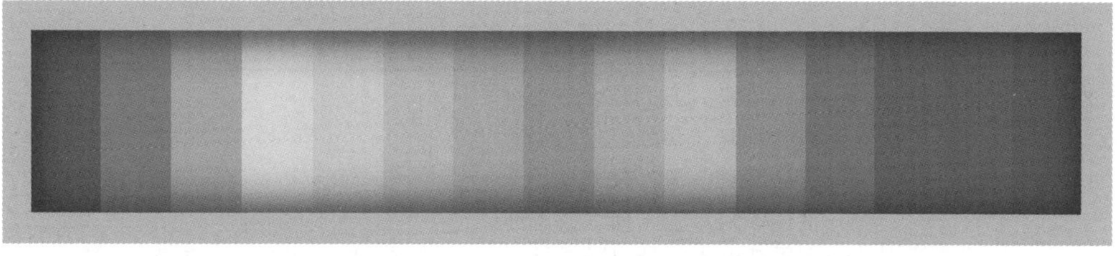

人民邮电出版社
北京

图书在版编目（CIP）数据

电子商务客户服务 : 微课版 / 王璐，方贝贝主编. 北京 : 人民邮电出版社，2025. -- (电子商务类专业创新型人才培养系列教材). -- ISBN 978-7-115-66442-6

Ⅰ. F713.36

中国国家版本馆 CIP 数据核字第 2025FP2709 号

内 容 提 要

本书根据电商客服实际岗位分工，以售前客服和售后客服为依托，将电商客服岗位的工作内容分为基础篇和进阶篇来进行介绍。书中具体内容分为 8 个项目，包括电商客服岗位认知、售前客服岗位分析、售后客服岗位分析、客户关系管理、电商客服岗位剖析、电商客服技能提升、金牌客服职业素质养成、客服团队管理。

本书内容翔实、新颖，讲解透彻；案例丰富、可读性强；并配以图表和工作场景对话，便于读者理解。

本书既可以作为职业院校和本科院校电子商务类专业相关课程的教材，也可以作为相关从业人员学习和提高技能的参考书。

◆ 主　　编　王　璐　方贝贝
　副 主 编　李婷婷
　责任编辑　王　振
　责任印制　王　郁　彭志环

◆ 人民邮电出版社出版发行　　北京市丰台区成寿寺路 11 号
　邮编　100164　　电子邮件　315@ptpress.com.cn
　网址　https://www.ptpress.com.cn
　天津画中画印刷有限公司印刷

◆ 开本：787×1092　1/16
　印张：12.25　　2025 年 5 月第 1 版
　字数：201 千字　　2025 年 7 月天津第 2 次印刷

定价：49.80 元

读者服务热线：(010)81055256　印装质量热线：(010)81055316
反盗版热线：(010)81055315

前　言

客服岗位是电商企业的基础岗位，也是电商企业与客户沟通的桥梁，它在店铺的运营中起着重要的作用，承担着塑造店铺形象、提升客户满意度、提高店铺销售额等重要职责。随着电商运营环境的发展变化，企业获客的成本越来越高，越来越多的企业开始将目光投入到客户服务上，旨在通过客户服务和管理，提高店铺运营的整体效果。

为了适应人力资源市场对电商客服人才的需求，编者对电商客服岗位做了大量调查和研究，并结合多年电商从业和教学经验，编写了本书。

本书包含八个学习项目，采用项目任务式组织教学内容，内容由浅入深，以满足不同学习阶段的读者。本书的主要内容如下。

项目一的主要任务是认识电商客服岗位，了解电商客服的岗位职责、岗位要求和基本职业素养。

项目二的主要任务是掌握售前客服的工作流程和岗位目标。

项目三的主要任务是掌握售后客服的工作流程和岗位目标。

项目四的主要任务是学习客户关系管理的手段、方法、新技术、新工具和基本内容。

项目五的主要任务是剖析电商客服岗位，理解电商客服岗位的重要性、职业发展、能力模型，以及探索电商客服岗位的变化趋势。

项目六的主要任务是提升电商客服职业技能，从售前销售技巧、关联销售技巧、售后服务技巧、大促活动准备等方面进行学习、提升。

项目七的主要任务是从金牌客服职业素质养成的角度出发，学习打造自身心态、学习力和塑造客服专业形象的方法。

项目八的主要任务是学习电商客服团队管理，主要有薪资结构管理、绩效管理、日常工作管理和培训管理等。

本书的主要特色如下。

（1）案例导入。本书在每个项目开始都配有故事型导入案例，以客服小伍的职场经历引出学习任务，方便读者更好地进入学习角色。

（2）任务驱动。本书每个项目都设置有多个学习任务，便于读者明确学习任务。

（3）情景模拟。本书结合电商客服岗位实际工作需要，设计了多个工作场景，并以图表形式展示，便于读者理解学习重点。

（4）分层教学。本书内容由浅入深，根据电商客服岗位的不同发展阶段，将内容进行分层设计，方便不同阶段的读者进行学习。

（5）项目实训。本书在每个项目中均根据学习任务设计了实训实践环节，以夯实读者的学习效果。

（6）素养育人。本书为全面贯彻党的二十大精神，落实立德树人根本任务，在每个项目最后均设置了素养小课堂栏目，以帮助读者全面提升电商客服的职业素养。

本书由浙江长征职业技术学院的王璐、方贝贝担任主编，李婷婷担任副主编。

在编写本书的过程中，编者参考了大量文献，在此对相关作者表示衷心的感谢。

由于编者水平有限，书中难免存在不足之处，敬请广大读者批评指正！

编者

2025 年 1 月

CONTENTS

目　录

项目六 电商客服技能提升……103

项目一

电商客服岗位认知

学习目标

知识目标

1. 熟悉电商客服岗位概念。
2. 了解电商客服岗位价值。
3. 了解电商客服岗位职责和岗位要求。

技能目标

1. 能区分电商客服和传统客服。
2. 能分析电商客服岗位和其他岗位之间的关系。

素养目标

1. 培养主动积极、认真负责的职业态度。
2. 培养诚实守信、求真务实的优秀品格。

情景导入：阅故事，懂职场

客服小伍的职场腾飞记——第一集：选择

小伍是杭州某职业院校电子商务专业的大三学生，他性格开朗又温和，阳光乐观，乐于助人且积极向上，在班里是大家都喜欢的“伍哥”。

临近毕业，小伍的室友都有点郁闷，大家找工作都不太顺利，哪怕是大家都认为找工作没问题的小伍也在犯愁。小伍在纠结拿到的两个入职通知，到底该选择哪个。其中一个是大品牌电商部门的客服专员，另一个是创业型公司的运营助理，这两个岗位的工资待遇差不多。这时，小伍想起了老师曾经在职业规划指导课上给大家建议过：找工作时需要结合自己的情况，扬长避短，充分利用自己的优势，还要尽早进行职业生涯规划。于是，小伍开始对自己进行职业规划分析，他认真做了 MBTI（Myers-Briggs Type Indicator，迈尔斯-布里格斯类型指标）的性格测试题，同时又咨询了室友和父母的意见，有室友觉得小伍脾气好、细心、有耐心、有责任心，做客服肯定能做得很好，也有室友说：“当然选创业型公司啊，大家一起闯一闯，干好了说不定还有股份呢。”父母看到小伍好像很喜欢客服岗位，想去大点的公司锻炼自己，最终也建议他去做大公司的客服专员，还鼓励他先从基层好好干，以后升职。

小伍犯难了，他有点想去做客服，又担心客服岗位不适合他；创业型公司虽然人少，但是机会多。小伍陷入了深深的沉思。

请你为小伍出谋划策吧！

项目导读

电子商务交易具有跨时空、跨地域的特点，这使得电子商务客户服务岗位成为了连接买卖双方的重要桥梁，电商客服在电商交易的咨询、服务、销售过程中发挥着举足轻重的作用。项目一立足于电商客服岗位的基本概念，从电商客服岗位的职责、要求及电商客服的基本职业素质等方面深入解析电商客服岗位。

任务一　认识电商客服岗位

一、电商客服相关概念

认识电商客服岗位

电商客服是电子商务客户服务的简称，是指通过网络通信工具为客户提供销售咨询及服务的人员。可以看出，电商客服提供的不仅仅是一问一答的基本服务，还需要提供销售咨询，做到主动销售，为客户提供更专业、更人性化的购买建议。对电商客服来说，服务是基础，销售是核心。根据电商客服岗位的工作流程和工作内容，我们将电商客服岗位分为售前客服和售后客服。

1. 售前客服

售前客服主要提供客户浏览咨询、购买咨询、订单咨询等销售前的服务。例如，客户对产品的尺寸、颜色、规格等有疑问时，售前客服要给予解答；当客户对店铺的销售策略或活动政策不清楚时，售前客户要给予说明和解释；当客户在购买过程中出现了物流、支付等方面的困难时，售前客服要给予帮助和指导。可见，售前客服的工作内容主要发生在订单生成之前。

2. 售后客服

售后客服主要提供客户购买产品之后的后续服务，如物流跟踪、售后问题答疑、退换货处理、维权纠纷处理、评价维护等。物流跟踪就是及时关注订单的物流状态，发现异常时及时查询和处理，以免延误客户收货时间，导致客户不良的购物体验；售后问题答疑主要是针对产品的问题答疑，如安装、特殊说明等；退换货处理就是根据客户的要求，及时处理客户的退换货需求，并做好记录；维权纠纷处理就是针对客户投诉给予相应的跟进和有效处理，降低客户的不满意度；评价维护就是及时跟进客户评价，有差评时及时处理，努力让客户满意。

在电商的各个岗位中，如果把运营和推广人员看作是默默无闻付出的幕后人员，那客服人员就是他们的前锋，负责直接和客户接触。运营和推广人员努力拉来的流量和客户，是需要客服人员协助转化和维护的。

二、电商客服岗位价值

电商交易是买卖双方不见面的跨时空交易，对客户来讲，唯一和他有直接交流的就是客服人员，客户的购物感受和客服人员提供的服务质量有直接的关系。所以，电商客服可以说是买卖双方的一个桥梁，客服的服务质量不仅直接影响着成交转化率，还对商家的品牌形象、客户回购率有着至关重要的影响。优质的客服团队总能体现出更高的岗位价值，能帮助商家建立完善的客户服务体系、提供完善的优质服务、提升客户对品牌的满意度。电商客服的岗位价值主要分为售前客服的主要价值和售后客服的主要价值。

1. 售前客服的主要价值

售前客服的工作内容偏向销售咨询，优秀的客服人员懂得如何巧妙地主动销售，尽量做到让意向客户都能成交。售前客服做得好，可以促进询单转化和成交、提高客户的重复购买率和满意度。可以看出，售前客服的价值主要体现在店铺形象、客户满意度和销售业绩上。

2. 售后客服的主要价值

售后客服的工作内容偏向产品卖出之后的服务，产品卖出之后并不意味着服务的结束，而是另一段服务的开始。产品卖出后，有可能面临客户退款、不满意、维权纠纷等问题，而客服的服务态度和专业度决定着这些问题的处理结果。好的售后客服能有效降低退款率、维权纠纷率，提高已买客户的满意度，提高店铺的综合评分等。所以，售后客服的价值主要体现在维护客户关系、提高客户满意度上。售后客服岗位跟售前客服岗位同等重要。

不管是售前客服还是售后客服，都对店铺的运营成果有着至关重要的影响。优秀的客服能给店铺带来回头客，提升店铺的动态评分，提高店铺转化率，让店铺的业绩越来越好。同样，不合格的客服可能会造成客户的流失、店铺的评分差、店铺转化率低等问题，久而久之，便会出现店铺的流量降低、业绩下滑的局面。

三、电商客服与传统客服的区别

我们对客服的认识多是基于传统客服岗位，总认为客服就是专门做服务的，客户问什么，客服就答什么。传统客服确实如此，基本做的都是售

卖产品之后的相关服务，服务的对象是已经成为客户的人，承担的工作内容多是售后服务，如售后退换货、售后安装、售后维权纠纷等。传统客服的工作主要是通过电话接入提供服务的。而电商客服不仅仅是提供客户服务，它还担任着店铺销售员的角色，它服务的对象不仅包括已有客户，还包括潜在客户，它是店铺唯一一个跟客户直接接触的人员，是店铺形象和品牌的代表。电商客服主要通过聊天工具、电话等提供服务。

如果从线上还是线下的角度分析，电商客服就是线上客服，它跟线下客服也是有很明显的区别的。线下客服有的也叫销售员，其在服务的过程中是跟客户面对面交流的，可以观察到客户的面部表情变化，可以直观地看到产品实物并给客户介绍和答疑，辅助进行销售；而电商客服通常是线上客服，只能通过文字、语音、视频等来服务客户、介绍产品，销售和服务的质量靠的是客服人员的专业度和服务技能。也可以说，电商客服岗位对任职人员的要求更高。

四、电商客服岗位与其他岗位的关系

客服岗位固然重要，它担负着与客户直接交流的重要角色，影响着店铺的品牌形象和销售业绩，但是一个店铺的成交订单不仅仅是由客服这个单一岗位决定的，店铺的其他岗位也很重要，如运营推广、美工、仓储等，这些岗位之间的协同配合决定了店铺的整体运营效果。作为跟客户直接沟通交流的客服岗位，在做好客户服务工作的同时，也要关注与其他岗位的配合和衔接，只有这样，才能更好地服务客户，体现客服岗位的价值。客服与店铺其他岗位的配合和衔接做得好，能给店铺带来更多的流量和订单，减少售后纠纷。

1. 客服与运营推广

运营推广的日常工作是围绕产品和客户展开的，而客服的工作是用专业的产品和行业知识服务好客户。客服在接待和服务客户的过程中，可以了解到产品和客户需求之间的差距、客户的要求和期望等，客服可以将该类信息反馈给运营人员，方便运营人员调整运营方案和推广方案；另外，运营人员的运营方案和推广方案，也需要客服人员清楚，并能准确无误地传递给客户，以保证运营方案和推广方案达到预期效果。因此，客服岗位和运营推广岗位之间需要经常进行信息沟通、交流、反馈，这样有利于店铺的整体运营和推广。

2. 客服与美工

美工岗位的价值主要体现在视觉效果上。视觉是呈现给客户的，当客服人员服务客户时，也会因为视觉效果产生问题，比如，宣传海报上的活动内容是美工人员设计的，但通常需要客服跟客户进行解释；再比如，当很多客户反映产品图有色差时，客服人员也需要及时跟美工沟通、反馈。可见，客服人员跟美工人员也是有很多交集的，也需要经常沟通交流。

3. 客服与仓储

店铺出售的商品有仓储人员进行订单跟踪、打包、发货，因此客服与仓储人员之间也有交集。当客户对订单有特殊需求时，客服就要及时与仓储人员进行沟通；当包裹出现缺件、少件、延误、错发等情况时，客服也要及时跟仓储人员沟通，确认包裹情况，及时解决问题。

任务二 了解电商客服岗位职责

岗位职责就是该岗位必须完成的一些工作任务，如果不能完成这些工作任务，那就说明其不符合该岗位的要求，不能胜任该岗位。电商客服的岗位职责是基于该岗位的工作流程和工作内容梳理出来的，售前客服和售后客服的岗位职责有所不同。

微课视频

了解电商客服岗位职责

一、售前客服的岗位职责

售前客服的主要工作发生在产品售卖之前，也就是客户下单之前，主要包括在线接待客户、在线及时回答客户提出的问题；掌握店铺产品的相关知识和卖点，做好产品推荐，促成交易；订单成交后做好订单确认并跟进订单；订单完成后要与客户礼貌告别，做好订单处理等。表 1-1 所示为某淘宝店铺售前客服岗位职责示例。

表 1-1 某淘宝店铺售前客服岗位职责示例

姓名		部门	客服部	职务	售前客服
序号	岗位工作职责				
1	售前咨询工作的接待，及时解答客户疑问，促成订单				
2	掌握产品特征，做好卖点分析，反馈给市场部				

续表

姓名		部门	客服部	职务	售前客服
序号	岗位工作职责				
3	售中物流跟进，协助客户查单				
4	定期配合店铺活动更新自己的旺旺签名、自动回复、基本设置				
5	每周最少学习两次，分享、交流学习心得				
6	每日后台订单催付和信息确认				
7	做好老客户维护和客户资料整理				
8	整理和分析交易过程中发现的产品问题（如描述不符、邮费设置和图片问题）及时反馈给客服部主管				

二、售后客服的岗位职责

售后客服的工作内容主要发生在产品售卖之后，也就是客户下单之后，主要包括根据客户下单后的物流动态，跟踪订单物流信息，有问题及时沟通解决；解答客户提出的售后咨询问题，并及时解决、记录、反馈；做好店铺的评价维护工作，提升店铺服务满意度，如遇到不良评价要及时处理；及时解决退款、退换货等相关问题，并做好记录；及时处理客户投诉维权问题。表 1-2 所示为某淘宝店铺售后客服岗位职责示例。

表 1-2 某淘宝店铺售后客服岗位职责示例

姓名		部门	客服部	职务	售后客服
序号	岗位工作职责				
1	处理店铺出现的日常售后问题，解决客户疑难问题				
2	处理退款和维权纠纷、举报问题，维护店铺形象和健康（每天上午和下午上班第一时间巡视和处理）				
3	和各合作快递对接，查询物流，跟踪异常订单、疑难问题件，售后物流问题统一记录文档，并及时告知、协助发货部处理问题				
4	做好退换货处理、登记、整理				
5	做好售后回访登记、跟踪				
6	整理和分析客户管理中的问题和改善方法，提出有效意见反馈给客服部主管（每天下班前提交群邮件）				

续表

姓名		部门	客服部	职务	售后客服
序号	岗位工作职责				
7	及时查看客户评价，遇到不良评价在一个工作日内做出相应处理				
8	遇到有问题的订单，根据发货部的回复及客户的要求，及时进行备注、跟踪、记录				
9	定期检查服务网点的规划、建设，维护各个环节，整理和分析售后服务过程中反馈的数据和信息，及时反馈给主管，保证售后服务质量				

三、售前客服和售后客服的异同

售前客服和售后客服的相同点是服务好每一位客户，让每一位客户都满意。不管是售前客服还是售后客服，都是为了让客户对店铺满意而存在的，对提高客户满意度不利的事情都不能做。不管是哪个环节的服务，都有一个共同的目标，即让客户满意。

售前客服和售后客服也有区别，根据售前客服和售后客服的岗位概念、岗位价值、岗位职能，可以梳理出它们的不同点主要体现在工作内容、岗位职责、能力要求、工作目标上。售前客服和售后客服的不同点如表1-3所示。

表 1-3　售前客服和售后客服的不同点

岗位 区别	售前客服	售后客服
工作内容	售卖产品之前的服务，如接待、介绍产品、解答疑问等	售卖产品之后的服务，如退换货处理、维权处理、安装咨询服务等
岗位职责	以接待和销售产品为主	以处理售后异常问题为主
能力要求	具备一定的销售技巧、随机应变能力和话术优化能力	具备良好的工作态度、一定的抗压能力和良好的沟通技巧
工作目标	让来的人都买，让买的人再来买，让买的人买更多，即提高询单转化率、回购率	汇总、处理问题，推动其他部门进行改进，降低退款率和维权纠纷率

任务三 了解电商客服岗位要求

根据以上对电商客服岗位的基本认识，我们可以总结出电商客服岗位的基本要求主要有基本素养和能力要求、产品知识要求、业务能力要求，不同电商企业、不同行业会对客服岗位的具体要求有所差别。

微课视频

了解电商客服岗位要求

一、基本素养和能力要求

岗位的基本素养和能力要求指的是，能够完成该岗位职责所需要的必备职业素养和基本岗位工作的能力。不同岗位会有不同的职业素养和能力要求。电商客服岗位既是服务岗位，又属于销售岗位，所以它的岗位基本要求既要符合服务类岗位的要求，也要符合销售类岗位的要求。例如，电商客服人员属于接待服务人员或者处理售后服务人员，那就需要其具备良好的服务态度和耐心细致的工作作风；电商客服人员又需要引导客户购买产品，所以也需要具备良好的沟通能力和销售能力；电商客服人员是利用线上工具给客户提供服务，所以需要熟练应用办公软件和客服软件；电商客服人员需要不断学习新的行业知识、产品知识，需要有良好的学习能力；电商客服人员在服务过程中，可能会碰到临时性的突发事件，以及会给客服带来不良情绪的事情，所以电商客服人员还要有随机应变的能力和一定的抗压能力。

二、产品知识要求

产品知识要求指的是客服人员上岗前需要掌握的有关产品的信息和知识。客服人员和客户的沟通多围绕产品展开，因此电商客服人员需要对自己岗位上涉及的产品非常熟悉，这样才能提供更好的服务，才能给客户提供更合适的产品推荐和介绍。客服人员要了解产品的基本属性信息、使用信息、安装信息、售后服务信息等。

三、业务能力要求

业务能力是岗位人员针对岗位职责完成程度的评判标准，是岗位工作流程中应该达到的工作标准，是处理工作中各项事务的能力。电商客服的工作流程决定了该岗位所需要的业务能力。

表 1-4 所示为电商客服岗位能力要求汇总表。

表 1-4 电商客服岗位能力要求汇总表

客服岗位要求	具体要求
基本素养和能力要求	具备客户服务的良好心态，一切以客户满意为标准
	打字速度一般要求每分钟不低于 65 个字
	能熟练使用办公软件，如 word/excel/ppt 等
	能熟练使用客服相关软件，如千牛、淘宝助理、CRM 等
	知晓电商平台交易规则，如发票问题、邮费问题、交易规则、违规行为、活动规则等
	具备一定的随机应变能力，能处理突发异常问题
	具备良好的沟通能力和技巧
	具备一定的抗压能力、情绪把控能力和良好的心态
	具有一定的学习能力，不断进步
	能顾全大局，不因小失大
产品知识要求	熟悉产品规格信息，如体积、大小、型号、含量、等级、纯度、成分等
	熟悉产品使用信息，如使用说明、使用禁忌、使用场景等
	熟悉产品各类数据
	了解竞品信息
业务能力要求	具备接待、引导客户的能力
	具备处理客户特殊要求的能力
	能快速查询订单物流信息、处理异常快件
	能处理发货异常问题
	能够协调处理与其他岗位的交接事务
	具备良好的产品推荐、销售能力
	能妥善处理各类售后问题，如客户不满意、退换货、退款、差评等
	能做好客户关系管理，如会员体系管理

在电商客服岗位招聘时，企业一般会根据岗位能力要求制定相应的招聘条件。图 1-1 所示为淘宝某店铺客服岗位的招聘要求。

职位信息

1. 熟悉店内产品的卖点、搭配及促销活动等，利用旺旺等聊天工具和客户沟通及引导消费，达成交易；
2. 准确有效地根据客户需求做产品推荐，并做好客户提醒及要求备注，及时与仓储物流部门沟通发货信息；
3. 熟悉商城交易规则，能负责网店客户的售前、售中、售后服务；
4. 按时按质完成公司各类促销活动并收集客户意见及时汇报给上级领导。

岗位要求：

1. 大专以上学历，1年以上淘宝/天猫/抖音客服工作经验；
2. 熟练操作办公软件，打字速度在60～100字/分钟；
3. 拥有良好的销售能力和技巧，主动性强，能接受淘宝客服两班制工作；
4. 喜欢并且有心投入电商行业，工作细心负责，积极主动，性格开朗，善于与人交往，有优秀的团队合作意识；
5. 脾气好、沟通能力强、有耐心、思维敏捷、口齿清晰；有很好的服务意识和说服能力。

图 1–1　淘宝某店铺客服岗位的招聘要求

任务四　理解电商客服的基本职业素养

微课视频

理解电商客服的基本职业素养

职业素养是从业者在职业活动中表现出来的综合品质，是从业者按职业岗位的内在规范和要求养成的作风和行为习惯。电子商务客服岗位属于服务岗位，对基本职业素养的要求与服务行业相吻合。

一、始终保持良好的客户服务心态

态度决定一切，如果自身的心态是不良的、失衡的，则是不能把客户服务做好的。只有拥有积极、认真的工作心态，高度的工作责任感，才能成为一名合格的客服，将客户服务好。在客服岗位上，务必要保持良好的服务心态，正确、客观看待自己的岗位和工作，只要努力付出，任何岗位都是值得尊敬和赞扬的。

客服应该建立一种积极、乐观、自信的心态。面对棘手的疑难问题和刁钻的客户，也不要担心和沮丧，要保持平静、专注和耐心，积极寻找解决办法，大方、真诚地跟客户沟通，耐心、细心、精心地帮客户解决问题。在面对客户的各种反应和态度时，客服应学会控制自己的情绪，不要被消极情绪左右。如果客户的态度不友好或提出不合理的要求，客服应冷静分析情况，并以委婉、客观的方式解决问题。总之，良好的服务心态是做好客服岗位的前提，在接受客服岗位之前，就应该调整好良好的客户服务心态。

二、始终保持热情主动的服务态度

热情主动的服务态度是指客服在接待客户时，以积极、热情、主动的态度为客户解决问题或提供服务。电商客服人员需要始终保持这种服务态度，它是提高客户满意度和忠诚度的关键因素之一。热情主动的服务是获得客户的基础，客户在接受服务的时候都希望客服是热情主动的，没有哪个客户会喜欢一问三不知、不耐烦的客服。热情主动的服务有时还会带来额外的订单，在客户犹豫不决或准备放弃时，客服人员的主动推介和热情周到的服务可能会让他改变主意。

客服的热情主动主要体现在热情问候客户、主动提供帮助、积极解决问题、关注客户需求、保持积极心态等方面。

三、要有追求精益求精的服务精神

电商客服人员要有追求精益求精的服务精神，这有助于提高客户体验和服务的质量。服务没有最好，只有更好，作为客服人员，无论自己的服务做得多好、业绩多优秀，都不能满足现有的成绩，要追求更优质的服务质量。在服务态度上追求更优，在专业度上也要追求更强，这样才能给客户提供更优质、更专业的服务。客服要注重自身对极致服务的追求，对岗位知识的无止境学习。

在服务过程中，客服应注重细节和品质，持续学习和提高自己的专业技能，关注服务流程和效率，不断优化和改进服务流程和效率，不断创新，寻找更好的解决方案，努力追求精益求精的服务。

四、要拥有优秀的品格素质

客服人员还要有优秀的品格素质。优秀的人格魅力往往能够吸引他人，获得他人的信任。客服人员要有诚实守信的人格素养，要爱岗敬业、真诚待人、敢于担当。一名优秀的客服应该对客户诚实守信，不欺瞒、不撒谎；对所从事的客服岗位充满热爱，忠诚于事业，兢兢业业做好工作中的每一件事情；真诚对待每一个客户，不能因为不同客户提出的各种问题表现出厌烦情绪；在工作中要直面问题，敢于担当，逃避或推卸责任都是

不理智的做法。

五、要养成良好的学习习惯

电商客服还要具备良好的学习习惯。任何岗位和行业的知识结构、能力结构都随时在更新、在变化，客服岗位尤其如此，客户的要求在变化、在升级，店铺的运营策略和活动在变化、在更新，行业的知识也在更新和变化。面对如此多变的工作环境，电商客服若没有良好的学习习惯和能力，就很难适应岗位的变化。客服人员要不断学习、不断进步，养成学习新知识、新技能、新工具的习惯，不断锻炼自己的学习能力，让自己力争走在最前列。

项目小结

项目一从电商客服岗位的基本认识、岗位的职责和要求，以及电商客服的基本职业素养等方面介绍了电商客服岗位。这些基本知识是做好电商客服岗位的基础，客观、全面地认识电商客服岗位，能够帮助你在该岗位上更好地工作。以下为本项目的主要知识点总结。

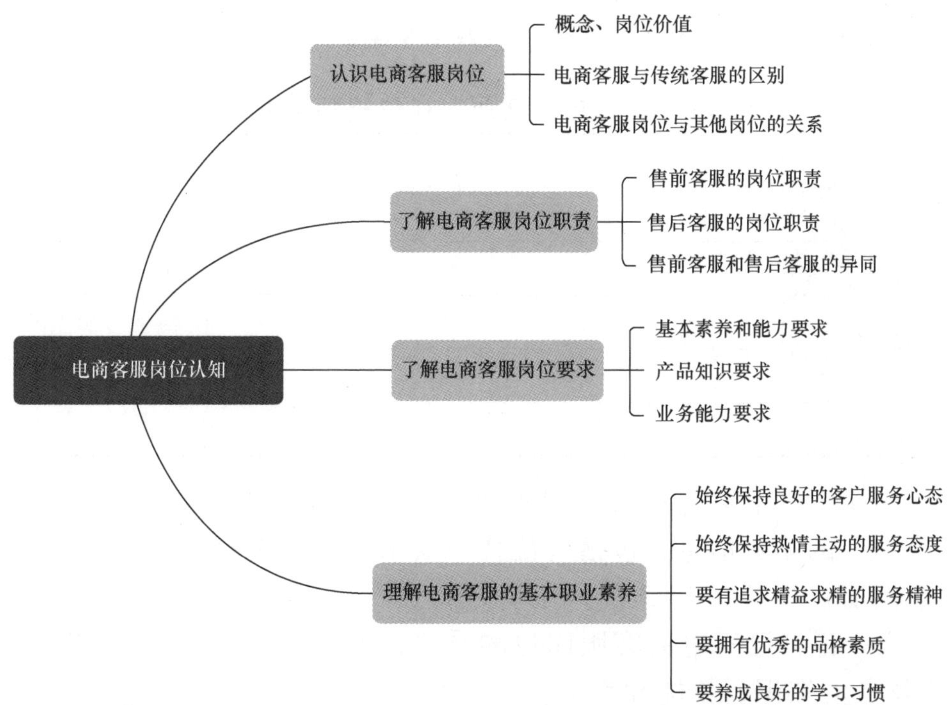

项目实训

为了更好地帮助大家理解电商客服岗位，认识其重要性，了解电商客服岗位的要求，本环节特设置了以下实践训练任务，旨在帮助学习者更好地掌握本项目的相关知识。

实训目标

1. 了解电商客服的岗位价值。
2. 理解电商客服岗位与其他岗位的关系。
3. 认识电商客服岗位的基本职业素养。

实训要求

1. 能根据查阅到的资料，收集并整理出电商客服岗位的相关资料。
2. 能深刻理解电商客服岗位的基本情况、岗位价值、岗位要求等。

实训内容

1. 查阅人力资源招聘市场上“电商客服”岗位的招聘信息，总结查阅到的相关信息，并将这些信息填写在表 1-5 中。

表 1-5 “电商客服”岗位招聘信息

岗位名称	
工作内容	
任职要求	
薪酬待遇	
发展前景	
其他	

2. 向认识的电商企业或参加实训的企业咨询、调查其“售前客服”和“售后客服”的相关信息，包括岗位任职要求、薪资待遇、发展前景等，并整理成文档。

3. 说一说自己对电商客服岗位的看法，并汇总一下自己任职电商客服岗位所具备的知识、技能和素养。

素养小课堂

岗位没有高低贵贱之分，只要努力肯干，基层岗位的劳动也是光荣的！
不能眼高手低，脚踏实地才能有所收获！
任何事物都有两面性，要学会全面分析问题。
选择很重要，努力更重要。
努力付出才有回报，不劳而获不可取。
职业生涯要规划，更要经营，起点是自己，终点也是自己。

项目二

售前客服岗位分析

学习目标

知识目标

1. 掌握售前客服的工作流程。
2. 理解售前客服岗位目标。

技能目标

1. 能从事售前客户服务工作。
2. 能设计售前客户服务说辞。

素养目标

1. 培养精益求精、追求卓越的工匠精神。
2. 树立爱岗敬业、甘于奉献的职业信念。

情景导入：阅故事，懂职场

客服小伍的职场腾飞记——第二集：初入职场

小伍思考了许久，最终在已经拿到的三个客服入职通知中犹豫了起来，他分析了这几个入职通知的工作内容、公司情况、岗位发展，最终选择了一家他比较喜欢的天猫女装店做客服。刚进入公司，给他安排的是售前客服职位，入职后一周内都是培训，培训的内容主要有公司介绍、岗位职责和要求培训、产品相关知识培训、售前客服工作流程和内容培训、沟通能力培训等。在培训结束的前一天，他和同事一起进行了试岗实操。面对真实的客户服务场景，小伍有点紧张，担心回复客户的信息不够好，不过，他很快调整过来了，加之他在培训期间非常认真，每天结束后都会花最少一个小时的时间进行培训的总结。最后，他顺利通过了试岗，正式成为了一名售前客服人员。

小伍在售前客服的岗位上一干就是半年，在这半年里，得益于他比较喜欢跟人沟通，他觉得自己能给客户提供服务和帮助，这让他很开心，所以他做得得心应手。小伍多次拿到部门先进人物、销售额前三榜、客户最喜欢的客服等奖励，但他并没有因此而骄傲，反而越优秀越担心落后，所以他总是比别人付出更多，在休息日努力学习沟通技能、行业知识等，让自己一直在进步的路上。不仅如此，他还为自己制定了清晰的职业发展规划，他想往客服管理岗位上发展。所以，闲暇之余，他也开始关注客服管理人员的工作内容和要求，经常帮助新人，协助解决团队成员遇到的客户疑难问题。

项目导读

由项目一可知，售前客服的主要工作是接待客户和售卖产品，主要目标是提高客户满意度和提高店铺成交额，它是店铺业绩和客户满意度的重要保障。项目二主要从售前客服的工作流程和岗位目标角度，深入分析售前客服岗位。

任务一 掌握售前客服工作流程

标准化的售前客服工作流程有利于提高客服人员的工作效率、提升店铺的品牌形象、给客户更好的服务体验。虽然客服的工作可能会因客户的不同而有不同的工作流程和内容，但是，在提供个性化服务的同时，也需要牢记客服常规工作的标准化流程和要求，以达到服务的目标。根据售前客服的工作内容，可以将售前客服的工作流程梳理如下：接待咨询—分析买家需求—推荐产品—解决异议—催付确认订单—礼貌告别—信息建档。

微课视频

售前客服工作流程

一、接待咨询

接待咨询是客服提供服务的第一步，也就是迎接客户。第一步是至关重要的一步，会使客户对店铺产生第一印象，第一印象基本决定了客户是否愿意留下来继续购物。

在客户第一次向客服咨询时，客服需要及时给到对方回应，一般建议回复客户的时间不宜超过 15 秒，时间久了客户可能因为不愿意等待而走开。通常说的黄金 6 秒也是为了第一时间留住客户。首次响应时间是多数电商企业考核售前客服绩效的重要指标。这里说的首次响应时间不包括自动回复，当然，响应时间的长短跟客服同时接待的人数相关。表 2-1 所示为人工客服响应时间参考标准。

表 2-1　人工客服响应时间参考标准

最大同时接待人数	<15 人	15～35 人	36～80 人	>80 人
首次响应时间	3 秒	6 秒	15 秒	30 秒
平均响应时间	20 秒	30 秒	40 秒	60 秒

当然，仅仅是响应速度快还不够，客服还需要热情的服务态度，让客户感受到店铺是很欢迎他的、很热情地接待他的。客服的热情主动接待能留住客户、增加客户的购买概率、提高店铺的动态评分。反之，如果客服不够热情主动，客户会感觉自己不受欢迎。如果客服的姿态傲娇，客户即使成交了，也可能在评价时对客服的服务表示不满意，拉低店铺的动态评分。如图 2-1 所示，两种客服的回复，给人不同的感受，上图中客服回答的也没有错误，但是给人的感受却不好，因为这种回答给不了对方热情的感受。

客服除了通过语言让对方感受到热情的服务态度，还可以通过使用语气词、添加表情来彰显自己主动热情的接待态度。例如，客服可以用一些友善的、可爱的旺旺表情，或者使用“呢”“哈”“嗯”等一些语气助词。

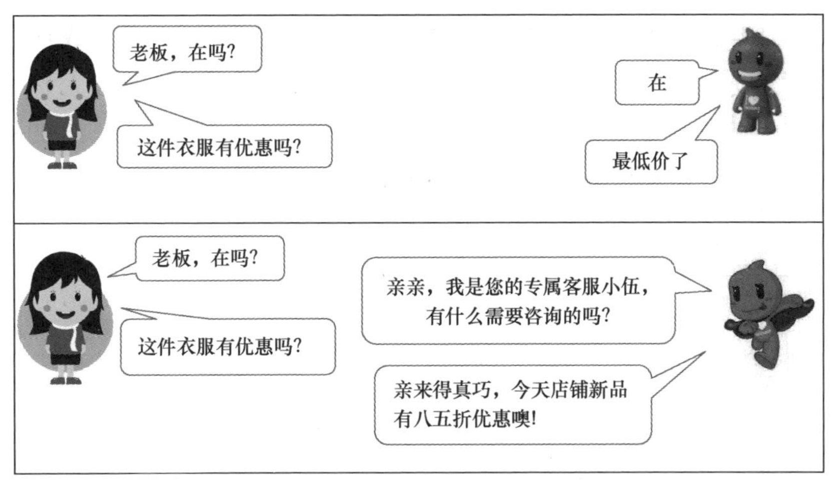

图 2-1　不同的客服服务态度示例

回应客户的格式也不容忽视，这里讲的格式是适应客户阅览的文字编排格式。目前，客户多是手机端客户，客服要考虑回复客户时的内容格式，最好方便客户简单、高效地阅览。通常，简明扼要式的格式是比较合适的，如图 2-2 所示，左边的格式没有分段，所有内容堆积在一起，看起来比较吃力；中间的格式看上去有分段，但是把所有的内容都展示了，看上去也很吃力，而且并不是所有内容客户都感兴趣；右边的格式将重点的活动展示了，下方附带了客户的一些高频疑问，这样就看起来一目了然，重点突出。

图 2-2　客服回复语的文字编排格式示例

所以，客服在设计回复语格式时，一定要关注手机阅读的显示方式，语言要简洁，而且要有逻辑地分层表达。

最后，回复的内容也很重要，要能实际解决客户的疑问或做到有效应答。如果你时间既快，态度又热情，但是回复的内容却言之无物，没有达到服务的关键点，没有解决客户疑问或者没有引导客户，这样的服务也是不合格的。如图 2-3 所示，上下两种不同的客服回复，给人的感受也是天差地别的。

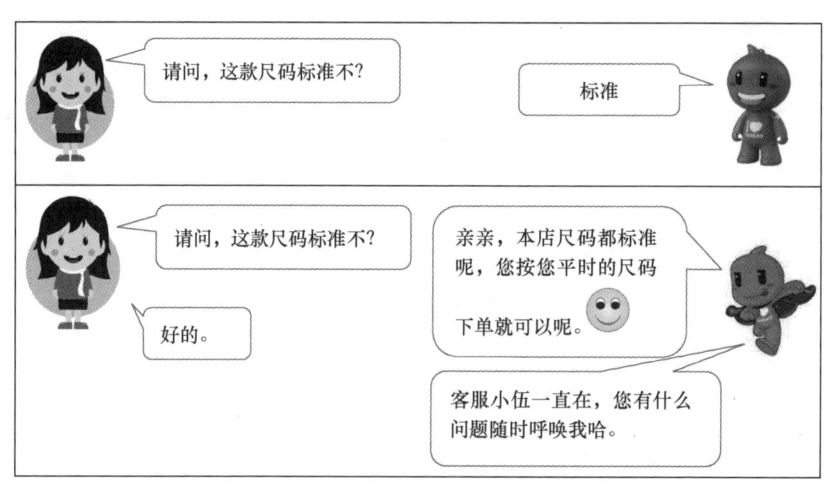

图 2-3 不同的客服回复示例

客服首次回复可以采用“客户称呼+店铺+自我介绍+服务态度”的内容组合。例如，亲亲，欢迎光临××店铺，我是您的专属客服小伍，有什么可以帮您的吗？

二、分析买家需求

分析买家需求就是在接待咨询的过程中，充分发挥沟通的作用，用自己的专业知识和主动营销引导客户，提高客户的咨询转化，只有充分了解了客户的需求，才能给客户提供有价值的服务，帮助客户购买更合适的产品。

在分析买家需求时，客服不能一味地输出，双方需要建立一个有效沟通的过程。客服只输出，不但得不到自己想要的信息，可能还会造成客户的反感。正确的做法是要适时地捕捉或挖掘客户的需求信息，通过客户的反馈获得其需求、期望或痛点，以便向客户推荐更合适的产品。客服要善于总结客户的需求信息，通过客户反馈的信息总结出该客户的需求点；要善于向客户提问，七分问三分听，通过问题反馈总结客户的需求，帮助客户做决定；要善于站在客户的角度思考问题，把自己当成客户才能充分明确客户的需求，如图 2-4 所示。

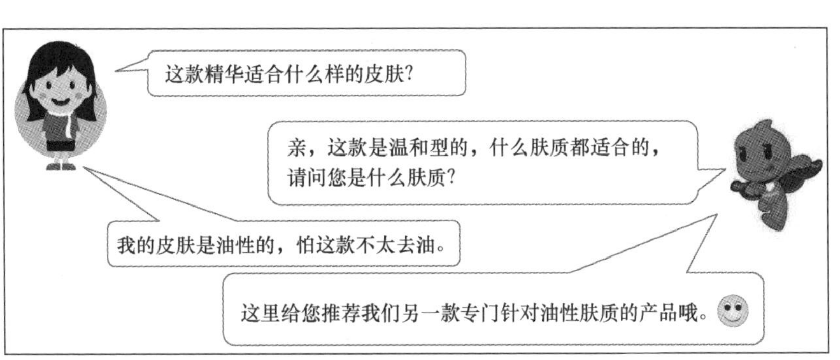

图 2-4　客服通过提问了解客户需求示例

三、推荐产品

推荐产品就是客服在服务的过程中，给到客户专业性的购买意见，挖掘客户的最大需求，帮助客户成交的过程。并不是所有客户都是专业的，很多客户需要客服进行专业的导购，对于产品属性也需要客服进行具体详细的解释和说明。

客服推荐产品时，需要提前收集客户信息，了解客户需求，不能盲目推荐。这些客户信息可以通过客户自述获得，也可以通过客服向客户提问获得，客服要掌握一定的提问技巧。在引导客户决策时，可以使用封闭式提问；在深挖客户需求时，可以使用开放式提问，如图 2-5 所示。

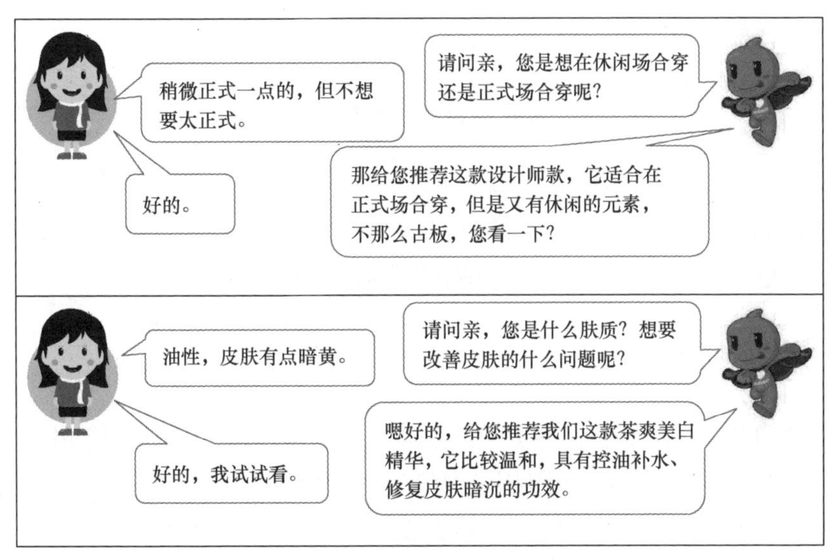

图 2-5　客服推荐产品示例

另外，在客户需求没有被满足时，客服可以通过服务细节推荐产品。例如，现有产品没有客户喜欢的颜色了、没有合适的尺码了、客户对产品的某些细节不喜欢了等，此时，客服不应直接放弃客户，放弃客户不但损失了订单，还给客户留下了失落感，不利于店铺品牌形象的树立，如图 2-6 所示。

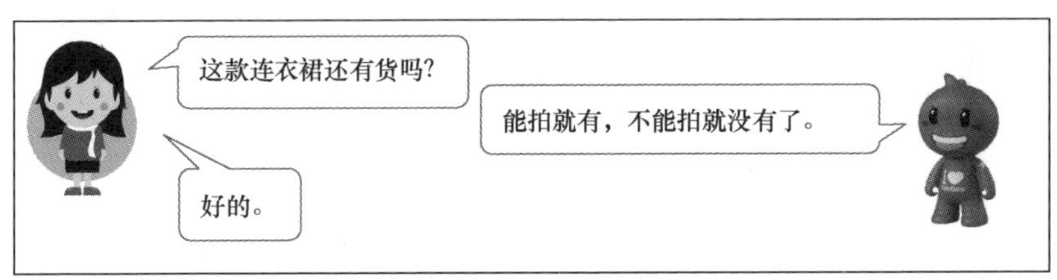

图 2-6　客服没有对客户进行引导示例

客服可以通过推荐相关产品和引导客户动作，尽量挽回订单。注意，推荐相关产品要推荐价格相当、属性相当的产品。引导客户动作包括加购、收藏、加好友、客服号邀请等。这样一旦客户对需求不满时，客服可以通过完善服务细节和客户建立紧密联系，如图 2-7 所示。

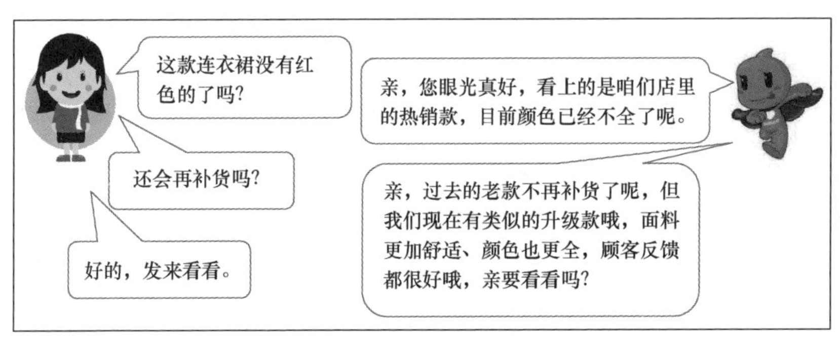

图 2-7　客服引导客户购买类似产品示例

最后，客服在面对客户的选择时，不要吝啬自己的赞美，任何人都不会反感对他的赞美，客户的选择就是最好的选择，客服对其选择的肯定和赞美，是尊重客户的体现，也会帮助客服顺利完成服务。

四、解决异议

在客户购物的过程中，客户可能因为购物心理、物流、价格等因素而产生异议，只有将客户的异议和担心解除掉，交易才能顺利，客户才能满意。

要想顺利解决客户的异议，要首先明白客户为什么产生异议：可能是因为客户的防备心理，毕竟客户可能是第一次在这里购物，没有信任基础；也可能因为是客户的应急反应，担心自己购物决策失误；还可能是因为客户的需求没有被满足。当客户有异议时，客服要首先了解异议产生的原因，

理解客户异议表达的真正意义。常见的售前客户异议如表 2-2 所示。

表 2-2 常见的售前客户异议

异议归类	异议原因	处理方案
产品问题	产品质量	耐心解释，说明
	产品使用	通过包装图片或使用说明打消客户疑虑
	产品价格	通过价值提升或活动引导，满足客户优惠需求
物流问题	发货时间	耐心解释，告知
	快递选择	耐心解释，注重客户感受
	到货时间	安抚客户，提出建议

客户的疑虑是客户在购物时正常的防备心理的体现，客服需要理解这种心理，积极正面地处理、安抚。针对产品疑虑，客服要在上岗前对产品属性等知识牢记于心，并灵活运用，正面给出问题的答案，切记避而不答；关于物流问题，客服要足够重视，耐心安抚和说明问题，切记不闻不问、过度承诺，如图 2-8 所示。

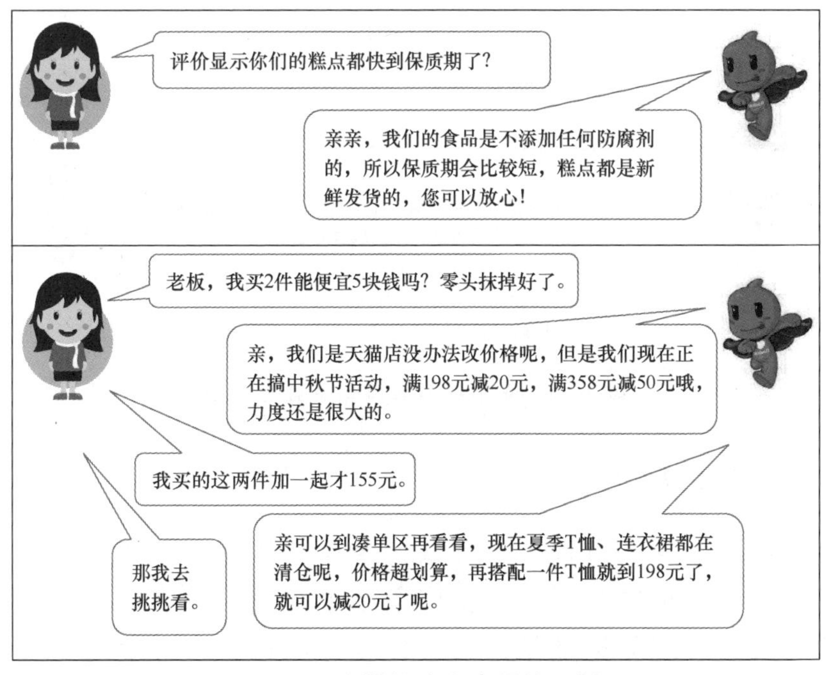

图 2-8 客服解决客户异议示例

注意，物流问题是容易被忽视的问题，客服不要以为物流问题不是自己店铺的问题就忽视它。实际的情况是物流也会影响客户的决策和感受，是客户服务环节不可分割的一部分，客服应积极主动地解决客户在购物过程中出现的物流问题。在解决物流相关的问题时，客服要做到耐心解释说明，让客户感觉到“得到”，而不是“失去”，要及时安抚客户，尽量不让客户因为物流问题导致购物体验不佳，如图 2-9 所示。

图 2-9　客服处理客户物流异议示例

五、催付确认订单

在整个客服服务的过程中，确认订单也意味着服务接近尾声。客服不能因为客户已经下单付款了就觉得服务结束了或不重视服务了，完整的服务流程和高质量的服务标准是需要贯穿服务的每一个环节的，订单的催付和确认当然也会影响服务的整体质量和客户的购物体验。

订单确认能减少错误成本，客服向客户确认订单相关信息主要是为了避免在发货后出现客户修改收货地址、联系方式等问题，提前跟客户确认，

既能帮助客户核对信息，也能减少因此可能带来的错误成本。

订单确认可以为客户带来更好的购物体验。即便客户的订单信息无误，不需要更改，完善的服务流程也会让客户感觉到店铺的贴心和细心，使客户的购物体验更好。

订单确认还有隐形催付的作用。确认订单有两种情况：一种是客户已经完成付款，为了服务体验，跟客户确认订单详情、物流信息、发货详情等；另一种是客户已拍下产品，还未付款，此时的确认订单就有了催付的功能。

订单确认可以降低售后纠纷。如果客户需要修改订单信息，但是因客服没有提醒而错过了，就可能会引起售后的纠纷。

订单确认的基本要素有产品信息、收货地址信息、物流信息、售后服务，如表 2-3 所示。

表 2-3 订单确认的基本要素

基本要素	示例
产品信息	示例：亲亲，我看您拍的是 M 码，留言是要发 S 码，跟您确认一下，是以订单为准还是以留言为准呢？
收货地址信息	示例：亲亲，看到您的订单了，我跟您核对一下收货信息哦。小伍，136*****668，浙江省杭州市西湖区……，对吗？
物流信息	示例：亲亲，看到您的订单了，我跟您核对一下收货信息哦。小伍，136*****668，浙江省杭州市西湖区……，您要求发××快递，对吗？
售后服务	示例：亲亲，如果您收到产品，有任何问题都可以跟我们联系，我们支持七天无理由退换货，衣服要保持吊牌完整，不要水洗，不影响二次销售，不然我们就不能退换了呢，谢谢您的理解。

这个环节的订单催付需要注意催付工具、时间节点、催付策略、反馈跟进。催付工具可以使用聊天工具（如千牛消息）、短信电话、自动催付。针对在线的客户，可以直接使用聊天工具进行催付，针对已经下线的客户可以使用短信或电话催付，针对静默订单和大批量订单可以使用自动催付（聊天工具可设置）。

客服应根据客户不同下单时间进行合理的催付，忌频繁和不分时间催付。表 2-4 所示为订单催付时间参考。

表 2-4　订单催付时间参考

下单时间	催付时间
上午单	当日 12 点前
下午单	当日 17 点前
傍晚单	当日 21 点前
半夜单	次日 10 点后

催付还要注意策略，让客户感受到你不是仅仅催他付款，而是帮助他一起完成订单的。催付策略有展示贴心服务、利用紧迫感、满足需求等。展示贴心服务，例如，可以向客户询问："亲，您付款遇到什么困难了吗？我可以帮到您吗？"利用紧迫感，例如，跟客户强调发货时间、现有优惠政策、库存情况、交易关闭时间等。满足需求，需要客服更多地分析和客户的聊天记录，看一下客户是不是对订单不是很满意，是不是需要指定的物流或需要相应的赠品、优惠等。此时，如果可以满足客户，那是最好的；如果不能满足客户的这些额外需求，就需要客服运用沟通能力和技巧解决客户的这些异议了，比如在其他优惠方面弥补客户。当然，这里说的催付策略并不是固定的，客服也可以根据订单或客户的情况及时调整，设计个性化的催付方案。

另外，催付之后，客服要及时做出反馈跟进，要对催付的情况或结果进行完整备注、跟进时及时查看记录。如图 2-10 所示，客服应该根据催付结果备注：已催付，客户余额不足，明天付，请关注，以免后续客服不了解具体情况导致二次催付或无效沟通，造成客户不好的购物体验。

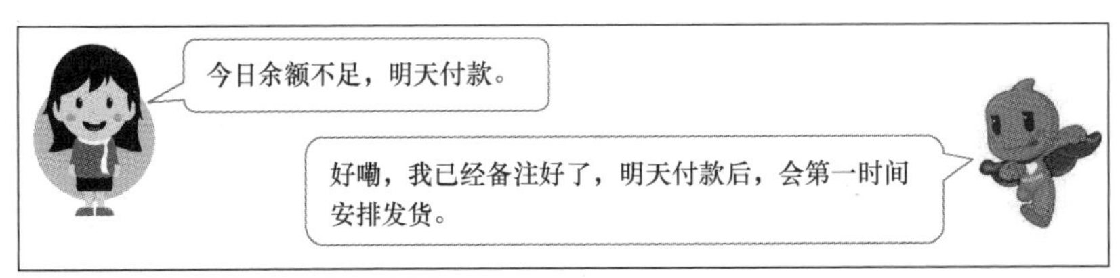

图 2-10　催付后跟进示例

六、礼貌告别

礼貌告别客户虽然是服务的最后一个环节，但也很重要，它能够塑造良好的双方交易印象。不管是对成交的客户还是没有成交的客户，客服都要给对方留一个良好的印象。礼貌告别不仅让客户对这一次服务留下了良好印象，还可以为下一次的服务铺垫良好基础，如果这次的服务体验都不好，那就不会有下一次了。只有留下了良好的第一印象，下次的服务才能更加顺利。

礼貌告别客户不是简单说句："感谢光临，再见！"礼貌告别客户也不是统一不变的，客服要针对不同的客户采取不同的告别策略。

对于已成交的客户，客服在礼貌告别时可以邀请其进行服务评价，提升客户的购物体验；邀请其进行产品评价，提升店铺的消费体验指标；邀请其加入店铺社群，提升老客户的活跃度；邀请其加入服务号，加强店铺老客户的粘度，如表 2-5 所示。

表 2-5　礼貌告别示例

礼貌告别	示例
邀请服务评价	亲，没有收到您的回复，有问题您随时给我留言，如果您对我的服务满意的话，请对我的服务做个评价，感谢您的支持！
邀请产品评价	感谢您的支持，本次对话结束后，您可以对您购买的产品进行评价，我们这边有一个福气包的小回馈，它代表了我们的一份心意，感谢您对我们的支持！
邀请加入店铺社群	感谢亲的选择，后续有什么问题随时联系我，您也可以加入我们品牌的服务社群，群号是 1234567，后续有问题可以在群里提出，店铺有上新和优惠也会在群里及时公布，欢迎您的到来！
邀请加入服务号	感谢您的选择，后续有什么问题随时联系我，我已邀请您加入我的服务号，后续我就是您的专属客服，享受优选服务，再次感谢您的选择，祝您生活愉快！

等待成交的客户可能是等待上新、等待活动、等待他人意见。对于等待成交的客户，客服比较容易忽略，此时，客服不能也是等待的态度，客服的等待会让客户流失。对于等待成交的客户，客服可以邀请客户关注店铺，并告知如何关注和关注福利。客服可以在加好友时分组管理，上新和活动可以群发消息通知，也可以新建任务跟进，设置时间提醒，主动通知客户。

对于未成交的客户也要礼貌告别和引导，给对方留下专业良好的印象，例如，可以对客户说："亲亲，很遗憾您没有挑选到心仪的宝贝，期待下次光临哦！"或"如果喜欢咱们的宝贝，可以点击右上角的关注，宝贝上新和店铺活动会第一时间通知亲哦！"。

七、信息建档

对客户的服务虽然已经暂时结束，但是并不意味着客服的工作已经结束，客服要对已成交客户的订单进行信息建档、处理订单，方便后续同事跟踪处理，同时也为后续的老客户管理和二次营销提供了基础。

以上七个流程并不总是按照一定顺序发生的，不是每个客户到店一定会问："在不在？"这个流程可能会随机组合，也可能会跳跃着出现，有的客户可能开始就问产品的功效，也有的客户直接下单再咨询客服，客服需要根据客户的情况灵活应用。总之，客服要在迎接时及时、接待时热情、推荐产品时专业、异议处理时灵活、催付时有效、告别时有策略、信息建档时详细。

任务二 理解售前客服岗位目标

任何岗位都需要有工作目标，明确的工作目标能帮助员工更高效、更有质量地完成工作任务。客服岗位更是如此，想要获得更多的岗位成就，就要时刻牢记岗位目标，并用实际行动完成岗位目标。售前客服岗位的总体目标就是接待好客户，销售更多的产品，获得客户的满意，以店铺为例，具体来说就是让来的人都买、让买的人买更多、让买过的人再来买。

微课视频

售前客服岗位目标

一、让来的人都买

售前客服初级目标就是让进店的客户都能购买产品，提高进店咨询转化率。虽然进店的客户不可能百分之百都买，但是作为售前客服，要朝着这个目标努力，不能放弃任何一个客户。每一个客户都是潜在的购买者，每一个客户都值得客服付出一百分的服务质量。客服人员要在客服服务的影响范围内，尽可能地提高店铺的转化率。

二、让买的人买更多

让买的人买更多也就是提高客单价。既然客户愿意进店、愿意购买店铺产品，也就说明客户对店铺及店铺的产品是满意的，此时，客服可以利用自己的专业知识和沟通技巧让客户多买一些。客服可以在客户需要专业建议的时候，给到客户专业性的购买建议，客服也可以利用关联营销推荐客户多买，还可以利用多购多优惠的店铺活动引导客户多买。

三、让买过的人再来买

让买过的人再来买就是提高店铺的复购率，客服的服务质量直接影响

着店铺的复购率。客户可能会因为店铺的满意服务而选择下次再来，也可能因为不愉快的服务过程而选择不再来，客户也会因为店铺的客服非常专业、善于沟通、购物过程很愉悦而选择下次再来，甚至帮助店铺推荐其他客户。复购率的高低虽然不只是客户服务因素决定的，但是，客服岗位的目标就是在自己岗位的职责范围内，尽可能地做到用自己专业的服务和热情友好的态度正向影响店铺的复购率。

项目小结

本项目主要对售前客服岗位的工作流程和岗位目标进行了详细阐述，售前客服岗位的工作流程也是客服工作的基础内容，这些内容能帮助你在该岗位上顺利升级，只有掌握好这些流程，才能向更高的客服目标前进。本项目也梳理了售前客服的岗位目标，时刻牢记这些目标，能帮助你在该岗位上走得更远。以下为本项目的主要知识点总结。

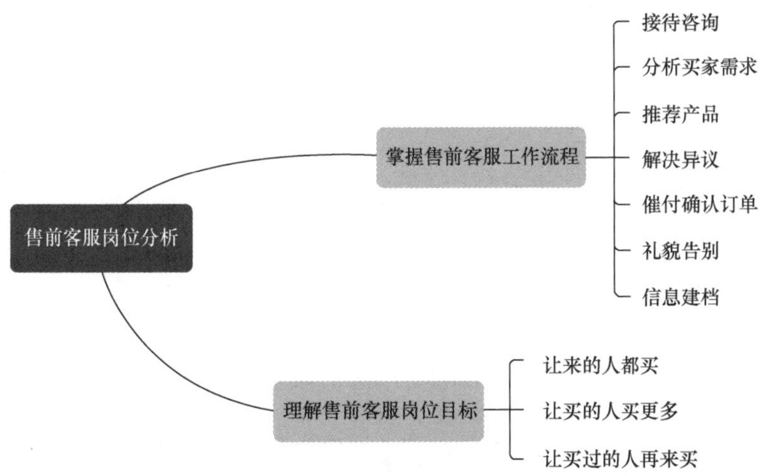

项目实训

为了更好地帮助大家理解电商售前客服岗位工作，掌握售前客服岗位的工作流程和内容，了解售前客服岗位的工作目标，本环节特设置了以下实践训练任务，旨在帮助学习者更好地掌握本项目相关知识和技能要求。

实训目标

1. 理解电商售前客服岗位标准化流程的重要性。
2. 掌握电商售前客服岗位的工作流程和内容。
3. 理解售前客服的岗位目标。

实训要求

1. 能分辨售前客服的服务内容和流程。
2. 能设计售前客服的服务说辞。

实训内容

1. 以下是售前客服在服务过程中的两种说辞，你认为哪种更合适，请在表 2-6 后面打√。

表 2-6　售前客服在服务过程中的两种说辞

服务流程	说辞	选项
接待咨询	客户：在吗？ 客服：在的。	
	客户：在吗？ 客服：亲亲，在呢，欢迎光临！有什么可以帮您？	
分析买家需求	客服：我们新出的控油面霜卖得很好，推荐您试试。	
	客服：亲，您是油性皮肤还是干性皮肤？	
推荐产品	客户：这种太辣了，有不辣的吗？ 客服：亲亲，类似的牛肉干我们还有五香口味的和蜂蜜口味的，您更喜欢哪个口味的呢？	
	客户：这种太辣了，有不辣的吗？ 客服：亲亲，这款是微辣的，客户都反映好吃呢，你买了试试吧，真的不太辣。	
解决异议	客户：你们价格太贵了吧！ 客服：亲亲，这个价格真心不贵了，您买了不会后悔的。	
	客户：你们价格太贵了吧！ 客服：亲亲，我明白，这个价格跟同类目产品比起来确实不算便宜，但是我们是大品牌，做工和面料都是有保证的，一份价钱一分货，我们的产品穿起来的感觉和气质会好很多。	

续表

服务流程	说辞	选项
催付确认订单	客服：亲亲，我看您还没付款，这款宝贝你还要吗？	
	客服：亲亲，我看您还没付款，是付款时碰到什么问题了吗？	
礼貌告别	客服：再见，感谢您的光临！	
	客服：再次感谢您的光临，后续有什么问题您随时联系我哈，真诚邀请您加入我们的客户服务社群：1234567，后续店铺有上新或活动会第一时间群里告知哦。	

2. 请根据以下服务语境，为客服设计合适的服务说辞，填写在表2-7中。

表 2-7 合适的服务说辞

服务语境	设计说辞
客户：请问人工在吗？	客服：
客户：这款有红色吗？	客服：
客户：太贵了，能便宜不？	客服：
客户：能免邮不？	客服：
客户：你们这次活动的衣服都不好看啊。	客服：

 素养小课堂

赠人玫瑰，手有余香。
真诚才能打动人心。
伸手不打笑脸人。
予他人便利就是予己便利。
想客人之所想，急客户之所急。
精益求精，臻于至善。

项目三

售后客服岗位分析

学习目标

知识目标

1. 掌握售后客服的工作流程。
2. 理解售后客服岗位目标。

技能目标

1. 能从事售后客户服务工作。
2. 能设计售后客户服务说辞。

素养目标

1. 培养积极乐观、坚韧不拔的人格品质。
2. 培养乐观向上、砥砺前行的奋斗精神。

情景导入：阅故事，懂职场

客服小伍的职场腾飞记——第三集：转岗

小伍已经在售前客服岗位上做了半年了，对售前服务的内容可以说是精通了，他一直想着要做一名金牌客服，想在电商客服的岗位上做出自己的事业。他觉得，既然要向客服管理岗位发展，就必须了解客服的方方面面，所以，他决定转岗，转到大家都不太喜欢的售后客服岗位。

这边，公司客服部的经理已经在关注小伍了，知道小伍是个好苗子，他也正有此意。于是，小伍顺利转到了公司的售后服务部。

刚到售后服务部，小伍还有点不适应，虽然在售前岗位一直做的很好，每次服务好一个客户，都有一种成就感。但是售后客服工作却不同，刚接手售后客服工作的小伍，第一次有了力不从心的感觉。最近多数情况下他都能顺利解决客户的问题，客户们也算满意，但是每天总有一到两个客户让小伍很是郁闷。有些客户不讲道理、有些客户素质堪忧、有些客户难以沟通，小伍碰到这类客户时，着实有些郁闷。工作中，小伍找不到成就感了，搞得每天心情都不好了。

小伍决定找他的主管聊聊，好在在主管的开导下，小伍顺利调整了自己的状态，又整理分析了最近自己的工作方法，将售后客服的培训课件又拿出来复习了一下。他渐渐发现，售后客服也不难，不管什么样的客户，你只要耐心、真诚地对待他们，将平时学习到的沟通技巧和方法应用起来，客户都能理解和接受，也都能解决掉客户的售后问题。

小伍庆幸自己没有在遇到困难的时候放弃，而是努力破局！这一次的转岗让他再次意识到，碰到问题不能总是抱怨、逃避，而是要以一颗积极的心态面对问题、解决问题，这样终究会有自己满意的答案的。

项目导读

售后客服的主要工作是解决产品售卖之后的一系列客户问题，产品卖出后，有可能面临客户退款、不满意、维权纠纷等问题，良好专业的售后服务能有效降低退款率、维权纠纷率，提高已买客户的满意度等。项目三主要从售后客服的工作流程和岗位目标角度，深入分析售后客服岗位。

任务一 掌握售后客服工作流程

同售前客服一样，售后客服也有一定的服务标准和流程，良好的售后服务标准和流程能有效避免一些售后问题，降低售后成本，提高客户的满意度。售后客服的主要工作内容有物流跟踪、售后问题答疑、退换货处理、维权纠纷处理和评价维护等。掌握售后客服的工作流程和内容是售后客服人员的必备能力和素质。根据售后服务的工作内容，可以将售后客服的工作流程整理如下：主动咨询服务—及时核实问题—有效处理问题—不断跟进反馈—流转备案信息。

一、主动咨询服务

主动咨询服务，即明确客户的售后服务需求。只有明确了客户的售后服务需求，才能对症下药，解决客户的问题。售后的客户服务，并不是等着客户找来了才启动服务，需要客服具有一定的主动服务意识，主动提供售后服务，降低客户的不满意度。首先，主动咨询服务可以让售后问题第一时间得到处理，让客户感觉到被重视。其次，主动咨询服务可以大大提升客户体验。最后，主动咨询服务可以间接降低差评率、投诉率。主动咨询服务的基本流程如图 3-1 所示。

图 3-1 主动咨询服务的基本流程

首先，无论什么原因，客服都要先向客户表示歉意，表明态度，例如：非常抱歉，给您造成了不愉快的购物体验。

其次，客服需要向客户询问具体原因，明确是什么问题导致客户不满意，区分是买家责任还是卖家责任。切记，如果是买家责任，客服不能有类似“不好意思，这个不是我们的问题，是你的问题，我们没办法退”这样的说辞，这样的说辞给客户的感觉就是在推卸责任。对于责任归属，只要不影响后续的解决方案，客服可以不发表见解，把沟通重点集中在如何解决问题上。

最后，客服提出解决方案。在了解问题的原因后，客服根据责任区分，

提出解决方案。解决方案的原则一般是：能安抚的安抚，能赔偿的不换，能换的不退，有效降低售后的成本。当然，前提是提出的解决方案客户愿意接受，如果客户不接受，需要双方共同协商解决方案。

常见的售后问题有买家签收前引起的售后问题和买家签收后引起的售后问题。买家签收前引起的售后问题多跟物流相关，买家签收后引起的售后问题多跟产品相关，如表 3-1 所示。客服清楚了问题的来源，处理问题时就能更有针对性。

表 3-1　常见的售后问题示例

问题归类	问题原因	责任划分	处理方
买家签收前引起的售后问题	物流中转或分拨出错	快递问题	卖家
	买家地址写错或半路需要修改地址	买家	卖家
	售前客服地址未修改导致发错地址	卖家	卖家
	异常签收件（物流显示签收，买家未收到、送错地址、放物业、放门卫等）	物流公司或其他	卖家
	乡镇隔天派件（部分地区隔天派件，买家等不及）	物流公司或其他	卖家
	快递不送上楼，买家拒绝下楼	快递公司或买家	卖家中间协商
买家签收后引起的售后问题	产品问题（破损、污渍、瑕疵、与描述不符、少发漏发等；无法使用等技术性问题）	卖家	卖家
	主观问题（选错、买错、看错；与想象不符）	买家	卖家安抚、谈判

主动的售后服务，还包括提前将问题解决，将客户的不满消失在萌芽状态。如遇到不好的评价，要及时跟客户沟通，及时解决问题，让客户感受到卖家重视客户，从而消除不好的评价；遇到订单的物流信息长时间不更新的问题时，主动跟快递公司联系，明确原因，提前帮客户跟踪物流信息，以免客户因物流问题给出差评。

二、及时核实问题

售后客服要及时核实问题，找准客户的问题关键。及时核实问题能让客服在黄金时间处理问题，大大提升客户体验，塑造良好的售后形象。客服在接收了客户的咨询和反馈后，需要第一时间核实相关问题，为解决问题提供思路和方案。及时核实问题的流程一般是先核对订单信息，再分析问题原因。核对订单信息主要是核对订单日期（确定是否在保修包换期内）和产品信息，客服需要快速在大脑中调出产品的相关知识点，分析问题原因，需要确认是卖家原因还是快递原因或是买家原因。

客户多是由于不满意才产生售后咨询的，其可能是气冲冲找过来的，在核实问题的过程中，客服需要掌握一定的技巧，尽量不要因为自己的原因导致客户将不满意扩大。在沟通中客服不能用命令的语气，不能与客户争对错，要用协商的语气，如图 3-2 所示。在核实问题时，尽量使用客户或商家拍摄的照片或视频，以方便辨别问题的原因所在。

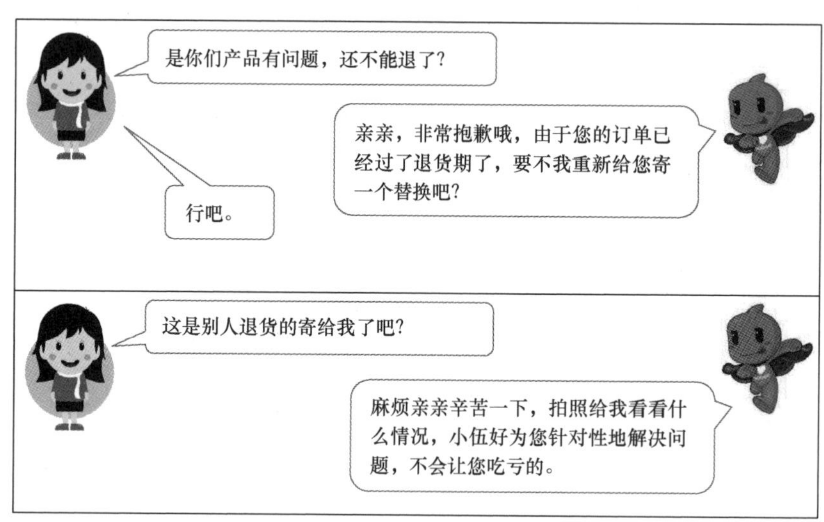

图 3-2　售后客服核实客户问题示例

三、有效处理问题

在明确了客户问题的原因后，客服就可以针对性地处理问题，给客户提供解决方案。客服有效处理售后问题，能有效减少由于响应慢造成的差评，有利于增强买家的安全感和信任感，能节约客户的时间，进而提升客户综合体验。客服有效处理问题的流程如图 3-3 所示。

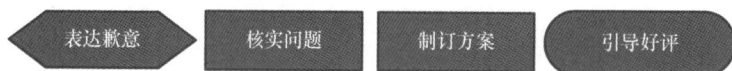

图 3-3　客服有效处理问题的流程

首先，客服要对客户的售后问题表达歉意，拿出积极解决问题、勇于承担责任的态度，让客户感觉到被重视，这一步是让客户放下不满，继而心态平稳地跟客服沟通。其次，客服需要认真核实问题的原因，快速判断出问题的责任方，以便制订解决方案。然后，客服初步制订解决方案，与买家协商沟通。最后，顺利解决问题后，通常情况下客服已经消除了客户的不满，此时还可以尝试引导客户好评。

在处理售后问题时，客服要掌握一定的步骤，保持目标清晰；要时刻清楚该服务处于哪个阶段，需要客服做出哪些动作；要掌握售后服务的基本话术，提高服务效率。售后客服的目标就是低成本地解决客户的问题，消除客户的不满，以结果为导向。表 3-2 所示为某店铺售后客服有目标地处理问题示例。

表 3-2　某店铺售后客服有目标地处理问题示例

问题	处理目标
小瑕疵问题	能安抚就安抚，能道歉就道歉，能不花钱就不花钱
小瑕疵污渍褶皱等不影响使用的问题	道歉不成再赔偿，能赔偿就不换
客户坚持退换的问题	能换不退，退货无疑会损失运费、人工费、包装费等
客户坚持退货的问题	层层拦截，拦截不住再退货

在解决问题时，售后客服的话术有安抚话术、核实问题话术、解决方案话术，如表 3-3 所示。

表 3-3　售后客服话术示例

售后话术	示例
安抚话术	亲亲，您先消消气，您慢慢讲，我一定为您解决问题的呢。
核实问题话术	亲亲，您辛苦一下，可以拍一些照片或者视频发给我吗？我看看具体情况，这样可以更好地为您解决问题呢。
解决方案话术	亲亲非常抱歉呢，您看需要给您换一下吗？换货比较耽误您宝贵的时间，这个不影响使用，其实可以选择申请补偿哦。

四、不断跟进反馈

客户的售后问题通常不是一次性就完全解决的，售后客服需要不断地跟进、反馈问题的进展情况，如果售后客服只是给客户提供了解决方案，并不关注方案的执行情况和客户的满意度，则有可能会造成二次售后。跟进、反馈售后服务能提升买家的满意度，建立信任感，拉进距离，防止不必要的损失。

对售后服务的跟进一般分为咨询时、问题处理中、问题处理后，在客户进行售后咨询时，客服就要做好相关备注、信息备案，以方便后续跟进。在问题处理时，客服要将处理进展及时告知买家，展示积极的处理态度和动作，并感知买家情绪变化。在问题处理后，客服要做好相关表格登记，以备后续跟进或检查。

在跟进沟通时，一般建议客服不要引导客户退货退款，以解决问题、挽留客户为主。备注信息时，内容要清晰详细，以方便同事参阅。信息尽量每日更新，确保问题及时处理。特别是在信息备注中，客服往往容易忽略注意事项，记录比较简化，只有自己能看懂，不方便后续其他同事跟进，正确的记录是将时间节点、问题说明、进展、负责人都详细记录，如表 3-4 所示。

表 3-4　售后客服记录售后信息示例

旺旺 ID	快递单号	订单号	状态	日期
小伍	123456789	111111111111	已退款，拦截中	2024.10.20
小伍 1	567891234	222222222222	未签收，快递核实中	2024.10.19

五、流转备案信息

流转备案信息是指将售后客户的问题及进展及时进行更新、处理。信息的及时流转备案能让问题及时被处理、被查阅，能提高工作对接的流畅性，间接地提高工作效率，还可以将责任落实到人，提高解决问题的效率。

在信息流转备案时，需要明确对象，包括用户 ID、订单号、物流单号等；需要明确问题类别，如物流查件问题、拦截件问题、产品问题、售后问题、评价问题等。同时，还要在聊天工具插件里同步备注这些信息，以便于后续客户再有问题时，不管是哪一个客服接待，都能清楚该客户的情况。

为了更好地做好信息的流转备案，客服可以做好相关表格，如拦截件跟踪表、待查异常物流问题件登记表、退货数据透析表等，没有 ERP（信息化管理系统软件）的还需要退换货签收表。与此同时，要尽量保证信息的备注格式统一、内容清晰，如日期、内容、客服名字等。

任务二　理解售后客服岗位目标

同售前客服一样，售后客服也要时刻牢记自己的岗位目标，用岗位目标指导自己的一言一行。总的来说，售后客服的岗位目标有沉淀归类问题、推动业务反哺、降低退款率及维权纠纷率、提高客户满意度。

微课视频

售后客服岗位目标

一、沉淀归类问题

售后客服不仅是要解决客户的一系列问题，还需要在解决问题后，将日常工作中碰到的问题进行梳理、总结、归类，以便于客服管理和店铺运营优化。解决了客户的问题只是处理了客户端的问题，为了在以后的运营或客户服务过程中避免类似的问题再出现，客服应将问题归类后，反馈给相关部门或人员，以便做出整改，避免类似问题多次出现，这样才能使店铺的售后问题越来越少。也可以说，售后客服的目标是减少售后问题。

售后客服在店铺运营的过程中发挥着重要作用，优秀的售后客服人员不但善于发现问题，还善于分析问题、总结问题、规避问题。售后客服人员在提供服务的过程中，要始终明确自己解决的并不是某一个客户的个性问题，而是某一类问题，解决得好，将会给店铺运营和后续服务带来极大的支持和帮助，售后客服人员在工作过程中要牢记这一点。

所以，售后客服人员在提供服务的过程中，要做好客户问题的登记反馈，并及时梳理、总结、分析共性的问题，同时向相关部门反馈建议。

二、推动业务反哺

在如今的商业环境中，客服不再仅仅是处理客户问题和提供服务支持的角色，特别是售后客服，其逐渐开始扮演着推动业务增长的重要角色。售后客服将问题处理好、工作流程做标准，可以推动、改善其他岗位的工作绩效，比如仓库经常发错货，售后客服是第一时间接收该问题的，如果客服没有总结、反馈，仓库可能一直都不知道发错货的情况，就会导致客户继续产生售后问题。反之，如果客服能及时跟踪，跟仓库反馈，仓库及时进行整改、优化流程，就可能避免类似售后问题多次出现。客服的这种反哺沟通可以优化产品和店铺运营。

首先，售后客服可以根据客户对产品的反馈，将结果同步给运营部门，帮助运营部门更好地了解市场需求和客户心理。另外，售后客服通过与客户的互动，可以发现产品或服务的潜在问题和改进空间，根据收集到的客户反馈和意见，将其传达给相关部门，并推动改进措施的实施，这种积极的参与将帮助店铺在未来提供更好的产品和服务，提高客户满意度。

一个优秀的售后客服，可以成为企业的竞争优势，帮助企业实现产品和运营的双向提高，每一个售后客服都应该向该目标努力。

三、降低退款率及维权纠纷率

良好的售后服务是降低退款率和维权纠纷率的关键。售后服务多是因客户不满意而产生的，如果此时售后客服没有做好安抚、解释、解决问题，客户就会进行退款或维权纠纷，相反，客户也会因为满意的售后服务而放弃退款或维权。例如，当客户犹豫不决时，专业的售后客服能够降低店铺的退款率。一名优秀的售后客服能较好地安抚客户情绪，避免客户做出维权投诉的行为。

售后客服要时刻牢记降低退款率及维权纠纷率的工作目标，努力提高自己的沟通技能、不断学习专业知识，不断优化售后服务流程和内容，真正发挥售后客服降低退款率和维权纠纷率的功能。

四、提高客户满意度

售后客服是店铺与客户之间沟通的重要纽带，它不仅能解决客户的问题，还能提高客户对店铺的满意度。售后客服应具备良好的沟通能力，具备耐心、友善和专业的态度，以确保与客户之间能够沟通顺畅，能倾听客户的问题，并提供准确、清晰的解答。通过有效沟通，售后客服可以增强客户的信任感，进而提高客户对店铺的满意度。其次，售后客服对售后问题的及时响应，可以让客户放下戒备心，感受到店铺的诚意，从而提高客户对店铺的满意程度。另外，售后客服提供个性化的服务、有针对性地提供解决方案，也会让客户感受到店铺的重视和关怀，从而提高对店铺的满意度。从店铺运营的角度来讲，售后客服收集客户信息、洞察市场变化，反馈店铺问题并积极跟进，让店铺不断提高运营成效和服务质量，也间接

提高了客户的满意程度。

作为售后客服人员，不能认为仅仅解决当下客户的问题就行了，要时刻意识到，自己的服务决定着客户的满意程度，自己的服务质量直接影响着店铺的发展，要时刻认识到自己的工作对店铺发展的重要性，将客户满意作为自己的服务标准。

项目小结

本项目主要对售后客服岗位的工作流程和岗位目标进行了详细阐述，售后客服岗位的工作流程也是客服工作的基础内容，这些内容能帮助你在该岗位上顺利升级，只有掌握好这些流程，才能向更高的客服目标前进。本项目也梳理了售后客服的岗位目标，时刻牢记这些目标，能帮助你在该岗位上走得更远。以下为本项目的主要知识点总结。

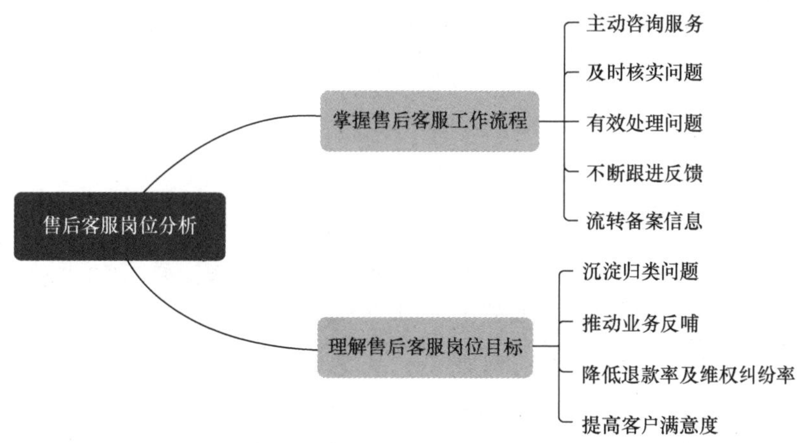

项目实训

为了更好地帮助大家理解电商售后客服岗位工作，掌握售后客服岗位的工作流程和内容，了解售后客服岗位的工作目标，本环节特设置了以下实践训练任务，旨在帮助学习者更好地掌握本项目相关知识和技能。

实训目标

1. 理解电商售后客服岗位标准化流程的重要性。

2. 掌握电商售后客服岗位的工作流程和内容。
3. 理解售后客服的岗位目标。

实训要求

1. 能分辨售后客服的服务内容和流程。
2. 能设计售后客服的服务说辞。

实训内容

1. 以下是售后客服在服务过程中的两种说辞，你认为哪种更合适，请在表 3-5 后面打√。

表 3-5 售后客服在服务过程中的两种说辞

服务流程	说辞	选项
主动接待咨询	客户：什么情况？快递好几天没更新了。 客服：亲，在的哦，这个您可以问问快递公司哦。	
	客户：什么情况？快递好几天没更新了。 客服：亲亲，在呢，非常抱歉给您带来困扰了，我马上跟快递公司核实一下，稍后回复您哈。	
及时核实问题	客服：麻烦亲亲稍等，我先处理手上的订单，再回复您哈。	
	客服：亲亲，辛苦您拍个瑕疵的图片给我，我看一下具体情况，您放心，绝对不会让您吃亏的哈。	
有效处理问题	客户：买的新的，都脏了，还怎么穿？ 客服：亲亲，非常抱歉，给您带来不愉快的购物经历了，您先消消气。我们是有 7 天无理由退换的，可以给您重新发一件，不过比较耽误时间。我看了一下这个脏的地方是可以洗掉的，你也可以选择现金补偿×元，另外再送您一张×元的无门槛优惠券，您看可以吗？	
	客户：买的新的，都脏了，还怎么穿？ 客服：亲亲，别担心，这个是可以洗掉的。	
不断跟进反馈	客服：亲亲，您之前反馈的问题已经有进展了，预计今天物流会派送，麻烦注意签收哦。	
	客户：今天能补发吗？ 客服：亲亲，已经发了呢。	

2. 请根据以下服务语境，为客服设计合适的服务说辞，填写在表 3-6 中。

表 3-6　合适的服务说辞

服务语境	设计说辞
客户：我要退货。	客服：
客户：我要的是 S 码，怎么给我发的是 M 码？	客服：
客户：你们物流太慢了吧，都三天了还没到。	客服：
客户：这怎么安装啊，连教程都没有。	客服：
客户：我收到的好像是坏的，按了开关没反应。	客服：
客户：你们这做工有点差哦。怎么线头那么多？	客服：

素养小课堂

售后是店铺的核心竞争力，是品牌的核心力量！
我为客户，客户为我！
客户就是上帝！
不及跬步，无以至千里。
为了目标努力的人是发光的。

项目四

客户关系管理

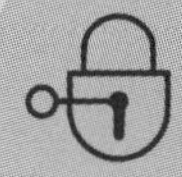

学习目标

知识目标

1. 了解客户关系管理的概念和意义。
2. 熟悉客户关系管理的方法。
3. 认识客户关系管理的新技术、新工具。
4. 掌握客户关系管理的基本内容。

技能目标

1. 能分类客户并进行客户价值管理。
2. 能进行客户生命周期管理。
3. 能进行客户忠诚度管理。

素养目标

1. 树立质量为本、真诚为根的服务理念。
2. 培养独立思考、自信自强的职业特质。

情景导入：阅故事，懂职场

客服小伍的职场腾飞记——第四集：升职

小伍在售后客服的岗位上一干又是三个月，他学习能力强，又勤奋，现在他能很好地应对客户的所有问题了。最近，经理又找到他，让他负责目前公司比较重视的客户关系管理。公司的客户关系管理以前都是售后客服顺带做的，没有专人负责，最近，领导越发觉得老客户的关系管理非常重要，打算成立专项小组负责这一块工作。

小伍售前业务能力强、售后服务也做的好，在做售后客服的过程中，他在完成本职工作的同时，多次帮同事处理疑难售后客户的问题。小伍学习能力强、热心、心思细腻，适合做客户关系管理小组的组长。于是，小伍成了一个三人小组的组长，同时，薪资待遇也有所提高。

小伍有着很强的客户服务能力，又对所处的行业和市场有所见解，对客户也是非常理解和耐心，他刚上任就对公司的客户关系管理工作有了比较好的规划和方案。

首先，他带领小组成员对所有客户资料进行了汇总，以前的客户资料和信息都是散乱的，利用效率不高。他根据所学知识和经验，将所有客户进行了分类，根据客户的购买情况、购买频率和购买金额，按维护程度对客户进行了排序，又针对不同类别的客户梳理出了不同的服务和再营销策略。然后，他又带领小组成员设计了老客户管理的会员体系和积分体系。

公司以前没有做过此类工作，领导看了小伍的工作方案，很是满意，小伍也更加有信心了。

项目导读

电商客服人员的工作除了售前服务和售后服务外，还有一个重要的工作内容就是客户关系管理，也就是常说的 CRM（Customer Relationship Management）。客户关系管理旨在建立和维护店铺与客户之间的良好关系，以提高客户忠诚度和销售业绩。在当今数字化和流量私域化的电商时代，客户关系管理也成为企业取得竞争优势的重要策略之一。项目四将介绍客户关系管理的基本知识、基本过程，以及对不同的客户该如何重点管理，同时还会讲解客户关系管理重要的手段——客户会员体系的使用。

任务一　认识客户关系管理

认识客户关系管理、理解客户关系管理，是做好客户关系管理的关键。由前文可知，客服是商家跟客户直接联系、沟通的第一责任人，所以说，客服也是客户跟商家的买卖关系或服务关系的责任人，客服服务质量的好坏直接决定着客户跟商家是否还会有后续买卖关系。客服要时刻意识到自己的重要角色和地位，时刻服务好每一位客户，跟客户的关系要有持续性，要提高客户的黏性、保留老客户，降低运营推广成本，进而提高店铺的整体效益。

一、客户关系管理的概念和意义

电子商务的发展逐渐进入私域流量运营的时代，客户关系管理就是私域流量运营的重要内容。越来越多的企业意识到老客户维护和运营的重要性，并将客户关系管理作为客户服务和客户管理的重要工具。

1. 客户关系管理的概念

客户关系管理就是通过对客户消费行为、特征、需求进行分析，从而进行精准的客户服务，提供更有针对性的服务方案和营销策略，来提高客户的满意程度和复购率，从而提高竞争力的一种手段。客户关系管理的核心是客户价值管理，通过“一对一”营销原则，满足不同的个性化需求，提高客户的忠诚度和复购率。

2. 客户关系管理的意义

客户关系管理能够降低运营成本。进行客户关系管理，可以使商家与客户进行深度交流，让商家精准地了解客户的需求，减少市场调查和推广的运营成本。此外，客户关系管理做的好，还可以带来很多新客户，开发新客户的成本远比维护好老客户成本要高。

客户关系管理能够留住客户。如果某个客户买过你的产品之后，你再也没有联系过他，他再次购买的可能性会小很多。相反，如果对购买过的客户进行了一系列维护，比如售后服务、客户关怀、精准营销、老客户福利等，那该客户回购的概率就会大大提升。商家可以采用各种各样的形式

与客户进行交流，满足客户个性化的需求，让客户感受到高质量服务，这样可以很好地留住老客户。

客户关系管理能够提高企业的市场竞争力。得客户者得市场，如果企业的客户是比较稳定的老客户，在市场中就会领先于竞争对手，企业也就可以将更多的资源投入到新产品的研发上。同时，由于跟客户的关系比较好，能得到更多的反馈，商家也就可以更好地了解市场，做出的产品也就更加符合市场和客户的需求，从而提高企业的市场竞争力。

客户关系管理可以提高客服的工作效率。客户关系管理多是提供个性化服务，使客户服务和营销都更加精准、高效，避免不精准的服务和营销，给客户不好的感受。好的客户关系管理，有完善的客户数据库、有效的沟通渠道，会对客户实施分类管理，这些措施的综合运用将为企业提供一个有力的效率提升框架，帮助企业取得更好的业绩和竞争优势。

二、客户关系管理的手段

客户关系管理的手段主要有三种，分别是市场营销中的客户关系管理、销售过程中的客户关系管理和客户服务中的客户关系管理。

（1）市场营销中的客户关系管理。市场营销中的客户关系管理主要体现在帮助市场人员分析客户群体上，其管理的工作重点之一就是对客户进行分类分析，不仅要分析出客户群体的行业、职业、年龄，还要帮助市场人员进行精准的市场投放，这也是客户关系管理在市场营销中常见的手段。

（2）销售过程中的客户关系管理。在销售过程中，销售员可以通过客户关系管理进行客户数据的了解、建立日程安排、查询预约服务提醒，这样能够提高业务人员的成单效率，缩短销售周期。

（3）客户服务中的客户关系管理。客户服务中的客户关系管理，是用于了解或者反应客户问题的，即可以通过改善自身问题，提高客户满意度，提升企业形象。日常工作中遇到的客户反馈、满意度调查、客户回馈、老客户营销等都是客户关系管理的内容，这些也都是客服人员应该重点关注的。可见，客服不仅仅是提供客户基础服务的，除了销售产品，还需要维护好与客户的关系。

客户关系管理贯穿客户服务的任何一个环节，从售前、售中到售后，客服的工作内容离不开客户关系管理，只有把每一个环节的客户关系做好，才能让客户满意。

三、客户关系管理的方法

客户关系管理可以通过客户信息管理、客户满意度管理、客户忠诚度管理、客户价值管理和客户服务管理来实现。

（1）客户信息管理。客户信息管理是对客户的信息进行收集、整理、汇总、分析等，通过客户的购买时间、购买物品等信息，了解客户的基本需求，从而更有针对性地为客户提供服务。

（2）客户满意度管理。客户满意度管理发生在售前、售中和售后的每一个环节，有对产品的满意度管理，也有对服务的满意度管理。通过满意度管理可以了解客户对企业产品的想法，也可以发现企业服务的漏洞，改善企业的产品，提升服务的质量，从而提高客户的满意度。

（3）客户忠诚度管理。客户忠诚度管理通过客户的重复购买率、客户的口碑以及引荐量来衡量。客户的忠诚度越高越需要更精心的维护，这样的客户才是最优质的客户。

（4）客户价值管理。客户价值管理是根据客户交易的历史数据，对客户生命周期内的价值进行比较和分析，发现最有价值的当前客户和潜在客户，通过满足其服务上的个性化需求，提高客户的忠诚度和留存率。

（5）客户服务管理。客户服务管理发生在售前、售中和售后的每一环节，任何一个环节的服务不到位，都会导致客户的流失。

四、客户关系管理与新技术、新工具

微课视频

认识客户关系管理的新技术、新工具

客户关系管理系统主要是指企业利用软件、硬件和网络技术，建立的一个客户信息收集、管理、分析、利用的信息系统。最常见的客户关系管理工具是 CRM 系统，即客户关系管理系统，这是目前电商企业客户管理使用的基本系统。它可以实现客户概况分析，包括客户的层次、风险、爱好、习惯等；客户忠诚度分析，即对客户对某个产品或商业机构的忠实程度、持久性、变动情况等进行分析；客户利润分析，即分析不同客户所消费产品的边缘利润、总利润额、净利润等；客户性能分析，即对不同客户所消费的产品按种类、渠道、销售地点等指标进行划分；客户未来分析，包括客户数量、类别等情况的未来发展趋势分析、争取客户的手段等；客户产品分析，包括产品设计、关联性、供应链等方面的分析；客户促销分析，即对广告、宣传等促销活动进行分析。

随着新技术的日益发展，企业的客户关系管理也更加便捷、高效。在客户关系管理领域，一些新的技术、新的工具也逐渐开始被开发和使用，比较常见的有大数据在客户关系管理领域的应用、人工智能在客户关系管理领域的应用、移动社交媒体在客户关系管理领域的应用。

1. 大数据助力客户关系管理

大数据在当下任何行业都被大规模采用，它大大提高了企业管理的效率，尤其在客户关系管理上，大数据技术更加适用，主要体现在客户数据挖掘和客户数据分析上。

数据挖掘技术是从大量的数据中，抽取出潜在的、有价值的知识、模型或规则的过程，该技术汇集了统计学、人工智能、数据库等学科内容。这些数据来自社交网络、语音记录、图像处理、视频记录、开放政府数据和在线客户活动等多个渠道。客户通过各种渠道表明他们对产品或服务的兴趣和偏好，每天会自动生成大量数据。

数据分析就是在大量数据的支持下，进行数据间的相关发现，主要通过关联分析、演变分析、聚类分析、分类分析、异常分析等，寻找数据间的联系，总结出一定规律。因此，大数据分析可以得出全面的客户视图，从而使企业提高对客户的关注度和个性化服务的匹配度。

2. 人工智能进一步升级了客户关系管理

人工智能可以在改善用户体验、自动化重复任务、个性化沟通等方面帮助企业建立更好的客户关系。

（1）改善用户体验。人工智能正在被集成到企业管理软件中，以读取和分析客户行为。这使公司可以更好地了解客户的偏好和需求，CRM 工具可以使用这些信息向客户发送高度个性化的消息，提高客户满意度并促成客户再次购买。

（2）自动化任务。人工智能被广泛用于自动化日常任务，包括自动回复信息、安排联系日期或跟踪客户互动等任务。典型的例子是聊天机器人和电子邮件机器人，它们有助于了解潜在客户的确切需求，并指导销售团队提高绩效和优化销售或服务流程。

（3）个性化沟通。人工智能可以通过 CRM，根据客户信息和偏好自动生成个性化消息。当客户进行购买时，企业可以跟踪他们以前的购买情况并推荐类似的产品，与客户进行个性化沟通。这改善了客户体验，可以鼓励他们继续购买。

因此，人工智能可以准确、快速地收集所需数据，通过识别历史数据，并利用模型预测结果，为企业提供有价值的见解，帮助企业更好地管理客户。

另外，随着人工智能和自然语言处理技术的快速发展，人工智能语音也逐渐应用到优化客户关系管理上，具备很大的潜在优势，如 ChatGpt 可以快速响应客户的查询和问题，提供个性化的服务和支持，这样的高效互动有助于提高客户的满意度，增强客户对企业的忠诚度，同时降低企业的客户关系管理成本。

总的来说，人工智能在客户关系管理的应用可以归结为以下四个方面，它比传统人工服务有着明显的优势，如表 4-1 所示。

表 4-1　传统人工服务和人工智能服务对比

应用场景	传统人工服务	人工智能服务
客户识别	人工搜集客户信息、分析客户情况、了解客户需求，费时费力费钱，具有滞后性和被动性	快速发现客户特征，精准识别，实现了更大的价值提升
客户区分	手动分析，效率低，存在不确定性	采用智能算法，自主感知和理解客户及市场的细微变化，速度快，精准度高
客户互动	手动回复客户，效率低，不及时	可以读懂人的情绪，自主感知和理解客户需求，回复快且精准
客户定制	通过市场调研、调查问卷、客户咨询等	推荐系统算法，可以快速找到用户感兴趣的内容，更快更精准

3. 移动社交媒体开启客户关系管理新篇章

社会化客户关系管理（SCRM，Social Customer Ralationship Management）并不是新概念，是指基于社交化媒体的客户关系管理，它通过社交媒体等渠道，可以帮助企业更好地理解客户需求，提高客户满意度，同时也为企业提供更多的营销机会。随着社交媒体和移动终端技术的发展，传统的客户沟通和互动工具已经无法满足企业与客户互动交流的需要，移动社交媒体的出现，无疑让客户关系管理多了有力的工具。相对于传统的客户关系管理系统，SCRM 更加注重与客户的互动和关系建立，强调个性化、定制化、互动式的服务体验。

随着社交平台的发展和更新，用作客户关系管理的平台也在变化，企业要时刻关注移动社交媒体的发展，及时利用与客户匹配度更高的移动社交平台进行客户关系管理。当下，抖音、微信公众号就是比较常见的移动社交媒体平台，各大企业也争相开通了官方抖音号、公众号，在这里实现跟客户的互动和交流。同时，企业也通过在常见的移动社交媒体平台上获得的客户数据，进行客户偏好分析、市场分析，以实现更精准的客户服务和市场营销。

在数字化时代，企业的 SCRM 将会朝着更加智能化、个性化、可视化的方向发展，其中最重要的趋势是人工智能技术的应用，通过人工智能技术，企业可以实现更加智能化的客户分析和预测，提高客户服务的精准度和效率。同时，移动互联网、物联网等技术的发展，也为企业的 SCRM 提供了更加广阔的应用场景。

作为客服人员，要客观看待客户服务中的新技术、新工具，它能给自己的工作带来更高的效率和更好的绩效，要正确学习和运用。但同时，客服也不能过于依赖这些工具和技术，工具可以锦上添花，但不能完全代替工作，客服还是要不断提高自身职业素养和专业知识技能，让客户服务更高效、更便捷。

任务二 掌握客户关系管理的基本内容

客户关系管理贯穿客户服务的整个流程中，掌握客户关系管理的主要内容是对客服人员的基本要求。以下从客户数据分析、基于 RFM 模型的客户价值管理、客户生命周期管理、客户忠诚度管理、搭建新媒体客户互动平台这几个方面阐述客户关系管理的基本内容。

一、客户数据分析

1. 客户数据采集

数据一直以来都是运营管理的核心工具，它不因人的主观意志而变化，能客观反映问题，数据在客户关系管理中发挥着重要作用。数据能为诊断问题、预测问题、解决问题提供依据，它是客户分级、企业决策的基础，也是加强客户互动的指南。

在客户关系管理中，客户数据成为重要的工具之一。要想用好客户数据这个工具，首先要收集到准确、合理的数据，这些数据包含客户的基本信息、联系方式、购买历史、需求等方面的信息。企业可以从各种渠道获得这些数据，比如线上渠道（网站、社交媒体）、线下渠道（调研、展会、活动）和第三方渠道（市场调查、数据采购等），然后利用采集到的信息制作客户信息表或直接录入客户管理系统中。在收集客户数据的过程中，企业需要保护客户隐私，确保数据收集的合法性和透明性，在这个基础上，保证数据的准确性、有效性、时效性和完备性，只有这样的数据才具备价值。根据数据使用的目的可以将客户数据分为描述性数据、促销性数据和交易性数据，如表 4-2 所示。

表 4-2　客户数据类型

数据类型	数据划分
描述性数据	基本情况：姓名、地址、性别、年龄、联系方式、收入水平、地域等 信用情况：忠诚度、潜在消费指数、客户类型 行为爱好：生活方式、爱好、产品或服务偏好、消费倾向
促销性数据	产品使用情况、促销活动记录的数据、客服人员的建议数据、广告数据
交易性数据	购买记录、购买频次、购买数量、购买时间、购买金额、售后内容、产品评价、服务评价、反馈、退换货记录

2. 客户数据分析指标

在收集好客户信息后，还需要对这些数据进行进一步的分析、归纳，找到这些数据之间的联系，只有这样才能让这些数据发挥出价值。只有对客观数据进行分析，才能将数据转化为信息，用于客户关系管理。

在开展数据分析之前要建立科学、合理的数据统计指标、统计口径及数据分析指标，表 4-3 所示为 CRM 常用的数据统计指标及其统计口径。

表 4-3　CRM 常用的数据统计指标及其统计口径

数据统计指标	统计口径
成交订单	客户下单并成功付款的订单
未成交订单	客户下单但未付款的订单
关闭订单	下单后买家/卖家主动关闭，或因超过支付时间被系统自动关闭的订单

续表

数据统计指标	统计口径
有效成交订单	有效购买商品（非购买赠品、邮费或补差价）的订单
无效订单	非购买商品，而是购买赠品、邮费或补差价的订单
有效购买	客户在一天内一笔或多笔有效成交的订单
成交客户	产生过成交订单的客户
有效客户	产生过有效成交订单的客户
潜在客户	产生过未成交订单、关闭订单或无效订单的客户
新客户	一定时间段内，在有效客户中产生过一次有效购买的客户
回头客	在店铺内产生过两次（或多于两次）有效购买的客户
老客户	一定时间段内，在有效客户中产生过有效购买的客户

在客户关系管理中，常用的数据分析指标主要包括客户消费行为指标、商品购买指标及店铺购买指标，如表 4-4 所示。

表 4-4　客户关系管理中常用的数据分析指标

数据分析指标		指标释义
客户消费行为指标	客单价	在一定时间内，每位客户消费的平均价格
	最近一次消费时间	客户最近一次的购买时间
	购买次数	客户在一定时间段内产生的有效成交订单的数量
	累计购买订单数	客户产生的所有有效成交订单的数量
	购买金额	一定时间段内，客户产生所有有效成交订单的有效购买金额
	累计购买次数	客户产生的所有有效购买的次数
	一次回购周期	客户产生第二次有效购买距离第一次有效购买的时间间隔（以“天”计算）
	N 次回购周期	客户产生第 $N+1$ 次有效购买距离第 N 次有效购买的时间间隔（以“天”计算）
	客户回购周期	客户重复购买的平均时间间隔，即在采用“交易按天合并”的算法下，计算客户每次重复购买距离上一次购买的时间间隔。如果每个客户有 N 次购买记录，意味着客户会有 $N-1$ 个回购周期，取 $N-1$ 个回购周期的平均值，就可以得到这个客户的客户回购周期

续表

数据分析指标		指标释义
商品购买指标	商品新客户	对某款商品产生过一次有效购买的客户
	商品回头客	对某款商品产生过两次及以上有效购买的客户
	商品重复购买率	商品重复购买率的计算方法：所有购买过商品的客户中重复购买商品的人数占比，例如有 10 个客户购买了商品，5 个客户产生了重复购买，则重复购买率为 50%
	商品一次回购周期	客户第二次有效购买某商品距离第一次有效购买该款商品的时间间隔（以“天”计算）
	商品 N 次回购周期	客户第 N+1 次有效购买某商品距离第 N 次有效购买该款商品的时间间隔（以“天”计算）
	商品平均回购周期	所有重复购买某商品的客户回购周期的平均值
	品类新客户	在某品类商品上产生过一次有效购买的客户
	品类回头客	在某品类商品上产生过二次（或二次以上）有效购买的客户
	品类一次回购周期	客户第二次购买某品类商品的时间距离第一次购买该品类商品的时间间隔（以“天”计算）
	品类 N 次回购周期	客户第 N+1 次购买某品类商品的时间距离第 N 次购买该品类商品的时间间隔（以“天”计算）
店铺购买指标	店铺重复购买率	以一定时间段内店铺产生的所有有效成交订单计算，店铺重复购买率=重复购买的客户数/(重复购买的客户数+新客户数)
	有效客户比例	产生有效购买的客户数在店铺总客户人数中的占比

3. 客户数据分析思维

单独的数据往往无法全面反映问题，需要将一组数据与另一组数据以一定的逻辑关联起来进行分析，所以，在进行客户数据分析时，要具有对比思维、拆分思维、降维思维、增维思维、假设思维等思维方式，以确保数据被有效利用。

（1）对比思维。对比思维即指通过对两种相同或是不同事物的对比，寻找事物的异同及其本质与特性，利用相似性找到数据的变化特点和发展趋势，以及找到影响这种差异的原因和优化差异的方法。

（2）拆分思维。拆分思维就是把一个看起来非常困难的事情或项目拆分成小的单元，每个单元逐步突破的一种思维方式。应用拆分思维对数据指标进行拆分，经过拆分之后，数据之间的逻辑关系会变得更清晰，更有利于数据分析人员理解和判断。

（3）降维思维。降维思维即指站在上一维度思维层级去看待、理解、解决下一维度思维层级的问题。降维思维可以将复杂的数据简单化，提炼出核心数据进行分析。

（4）增维思维。增维思维是指当前的维度不能很好地解释问题时，增加多个维度的数据指标来帮助进行数据分析，将简单的数据多元化，增加的维度称为“辅助列”。

（5）假设思维。假设思维是指从结果倒推原因，通过逆向思维进行推导。对于把握度不高的数据分析，可以采取假设的方式来处理，即先假设一个结果，再运用逆向思维倒推，一步步抽丝剥茧，最终寻找到最佳的解决方案，以达到数据分析和推理的目的。

4. 客户数据分析方法

数据分析不能单看某一个数据，也不能只看某一阶段的数据，不同数据的组合和对比会得出不同的分析结果，要用科学的分析方法找到数据之间的关系，从而得出结论。客户关系管理中数据分析方法主要有趋势分析法、对比分析法、抽样调查法、相关性分析法、A/B 测试。

（1）趋势分析法。趋势分析法又称比较分析法，是指追踪数据的趋势变化，找到增长或下降的拐点，然后分析对应的原因，它适用于一些指标的长期追踪或者衡量一些关键动作有无效果。

（2）对比分析法。有对比才有分析，有对比数据才能产生意义，所以对比分析在实际数据分析中是非常重要的一种分析手段。最常用的对比分析是基于时间的对比分析，通常指同一指标在不同时间周期的对比，主要分为同比、环比和定基比。环比是指与相邻的上一周期做对比，周期可以是时、日、周、月、季、年等，比如周环比，指的是本周与上一周的对比；同比是指两个周期同一个时间点的比较，目的是追踪周期性的变化；定基比是指和指定的时间基点对比。

趋势分析法中的对比主要是为了看趋势，而对比分析法中的对比主要是看增减的情况。前者是纵向比较，即自己和自己进行对比；后者是横向比较，即自身和别人进行对比。

（3）抽样调查法。抽样调查法也是数据分析中常见的统计方法，用于在总体中随机抽取部分样本，通过对这些样本进行统计和分析，来估计和推断总体的特征和性质。抽样调查法主要有简单随机抽样、分层抽样、系统抽样、整群抽样。

在应用抽样调查法时，需要注意一些关键点。首先，抽样应该具有随机性，以确保每个个体被抽中的概率相等。其次，样本应该足够大，以便能够准确地估计总体的特征和性质。此外，样本应该具有代表性，即样本的统计结果应该能够真实反应总体的实际情况。最后，抽样调查的结果应该具有一定的可靠性，即对于同样的总体和样本，多次进行抽样调查的结果应该具有一致性和稳定性。

总的来说，抽样调查法是一种有效的数据分析方法，可以用于估计总体的特征和性质。然而，它并不是万能的，其结果会受到许多因素的影响，如总体的特征、样本的大小、抽样的方式等。因此，在使用抽样调查法时，需要仔细考虑这些因素，以确保结果的准确性和可靠性。

（4）相关性分析法。相关性分析法是一种测量两个或多个变量之间关系强度和方向的统计方法，可以衡量变量之间的关系，为进一步的数据分析和决策提供依据。注意，在使用相关性分析法时，相关变量之间应该具有相关关系，样本应该足够大，数据质量要可靠。

（5）A/B 测试。A/B 测试是一种在数据分析中常用的统计方法，通过将测试对象随机分成两组，然后对其中一组进行某种行为或功能的干预，继而计算干预效果与未干预效果之间的差异，其目的是判断不同方案或功能的优劣，以及计算方案或功能带来的投资回报率。

二、基于 RFM 模型的客户价值管理

RFM 模型是衡量客户价值和客户创利能力的重要工具和手段，该模型通过客户的近期购买行为、购买频率、购买金额三项指标来描述该客户的价值。其中，R（Recency）指客户最近一次交易时间的间隔，R 值越大，表示客户交易发生的日期越久，反之则表示客户交易发生的日期越近；F（Frequency）指客户在最近一段时间内交易的次数，F 值越大，表示客户交易越频繁，反之则表示客户交易不够活跃；M（Monetary）指客户最近一段时间内交易的金额，M 值越大，表示客户价值越高，反之则表示客户价值越低。使用 RFM 模型进行客户细分的管理，可以降低营销成本、促进新客户的再次转化、提高高价值客户的留存率、服务客户生命周期管理等。

在 RFM 模型里，最近一次消费所取数据是一个时间节点，需要由当前时间点即最近一次消费时间点来作为该度量的参考值，无论是以小时还是以天为单位，都需要注意单位选择的统一。消费频率将用户的消费次数作为计算对象，使用 Excel 中的 COUNT 函数即可得出。消费金额将每位客户所消费的金额相加求得，可以使用 Excel 中的 SUM 函数得出。获取三个指标的数据以后，需要计算每个指标数据的均值，分别以 AVG(R)、AVG(F)、AVG(M)来表示，最后将每位客户的三个指标与其均值进行比较，可以将客户细分为八类，如表 4-5 所示。

表 4-5　RFM 客户类型划分

Recency	Frequency	Monetary	客户类型
↑	↑	↑	重要价值客户
↑	↓	↑	重要发展客户
↓	↑	↑	重要保持客户
↓	↓	↑	重要挽留客户
↑	↑	↓	一般价值客户
↑	↓	↓	一般发展客户
↓	↑	↓	一般保持客户
↓	↓	↓	一般挽留客户

注：“↑”表示大于均值，“↓”表示小于均值。

在 RFM 模型里，还可以使用单维度和多维度 RFM 指标对客户进行细分。单维度可以根据客户的 R 值对客户进行细分、根据客户的 F 值对客户进行细分、根据客户的 M 值对客户进行细分，如表 4-6、表 4-7、表 4-8 所示。

表 4-6　根据客户 R 值分组

客户组别	R 值范围	客户类型
1	$R < 30$	活跃客户
2	$30 \leqslant R < 90$	沉默客户
3	$90 \leqslant R < 180$	长期沉默客户
4	$180 \leqslant R < 270$	睡眠客户
5	$270 \leqslant R < 360$	深度睡眠客户
6	$360 \leqslant R < 540$	预流失客户
7	$540 \leqslant R < 720$	流失客户
8	$R \geqslant 720$	死亡客户

表 4-7　根据客户 F 值分组

客户组别	F 值范围	客户类型
1	F=1	新客户
2	F=2	回头客
3	F=3	成熟客户
4	F=4	粘性客户
5	F=5	粉丝客户
6	F>5	忠诚客户

表 4-8　根据客户 M 值分组

客户组别	M 值范围	客户类型
1	M＜100	低贡献客户
2	100≤M＜200	中低贡献客户
3	200≤M＜500	中等贡献客户
4	500≤M＜2000	中高贡献客户
5	M≥2000	高贡献客户

注意，按照单维度的指标对客户进行分组，对于不同的店铺，设置的分组数量和分组标准有所不同，店铺要根据实际业务需要设计分组的数量，根据客户行为特征设计分组的标准。

多维度细分是指可以根据客户的 R 值和 F 值对客户进行细分、根据客户的 M 值和 F 值对客户进行细分，如表 4-9、表 4-10 所示。

表 4-9　根据客户 R 值和 F 值组合分组

客户组别	F 值范围	R 值范围	客户类型
1	F=1	R＜90	活跃新客户
2		90≤R＜180	沉默新客户
3		R≥180	流失新客户
4	F=2	R＜90	活跃回头客
5		90≤R＜180	沉默回头客
6		R≥180	流失回头客

续表

客户组别	F 值范围	R 值范围	客户类型
7	F>2	R < 90	活跃忠诚客户
8		90≤R < 180	沉默忠诚客户
9		R≥180	流失忠诚客户

表 4-10　根据客户 M 值和 F 值组合分组

客户组别	F 值范围	M 值范围	客户类型
1	F=1	M < 100	低价值新客户
2		100≤M < 200	中价值新客户
3		M≥200	高价值新客户
4	F=2	M < 200	低价值回头客
5		200≤M < 500	中价值回头客
6		M≥500	高价值回头客
7	F>2	M < 1000	低价值忠诚客户
8		1000≤M < 2000	中价值忠诚客户
9		M≥2000	高价值忠诚客户

同样，按照多维度的指标对客户进行分组，设置的分组数量和分组标准有所不同，店铺要根据实际业务需要设计分组的数量，根据客户行为特征设计分组的标准。

对客户进行细分，目的就是对不同价值的客户进行不同的管理及便于后续营销策略的制定，客服可以根据得出的客户类型，将客户进行分级管理，针对同类型、同价值的客户实行同一个管理策略或营销策略。也可以对以上 RFM 的数据做进一步处理，例如，首先将客户按照 R 值由小到大排列，前 50%的客户打 2 分，后 50%的客户打 1 分；将所有客户按照 F 值由大到小排列，前 50%的客户打 2 分，后 50%的客户打 1 分；将所有客户按照 M 值由大到小排列，前 50%的客户打 2 分，后 50%的客户打 1 分。再根据 R 值、F 值、M 值的得分情况进行整合，得到八种组合，即 2-2-2、2-1-1、2-1-2、2-2-1、1-1-2、1-2-1、1-2-2、1-1-1，其中，2-2-2 为最好的客户（活跃客户）；1-1-1 为流失放弃客户；2-1-1 为重点突破客户；1-1-2 为重点维护客户；2-2-1、1-2-2、2-1-2、1-2-1 均属于一般客户。在此基础上，可以针对细分的客户组别进行营销策略的制定，如表 4-11 所示。

表 4-11　不同类型客户的价值管理

客户类型	特征	营销策略
活跃客户	潜在价值和当前价值都很高，是店铺的核心客户，与店铺关系持久、稳定	实施战略联盟策略：使店铺与客户形成战略合作伙伴关系，店铺在制定经营战略时，要时刻把最好的客户考虑在内，要关注到最好客户的价值利益
		实施客户专案管理策略：成立专门的客户专案小组，处理并管理活跃客户在交易中发生的事情，为这些高级客户及时提供符合其要求的商品或优质服务
		建立优良客户数据库系统，加强客户文化研究
		实施客户信息保密策略，维护客户利益
重点维护客户	重点维护客户也是店铺利润的一个主要来源，虽然它的当前价值很低，但是潜在价值很高	实施以提高客户份额为中心的客户忠诚度计划：充分利用店铺已有的客户信息数据库进行有效的数据挖掘工作，找出客户的深层次需求，以此来扩大此类客户在店铺客户总数中所占的份额
		实施频繁营销策略，提高客户的当前价值
		实施客户维系策略，降低客户成本，为客户提供更大的让渡价值
重点突破客户	当前价值很高，但是潜在价值很低，是值得店铺深度挖掘的一类客户	实施客户培养计划，促进客户的成长：针对已经区分出的有较高潜在价值的重点突破客户制定营销策略，使客户的潜在价值转化为当前价值，扩大对客户的销售宽度（购买的种类）和深度（购买的数量），使客户产生重复购买
		实施客户亲近策略，强化店铺与客户的情感联系。通过各种途径保持与客户的密切接触，建立一种亲善的关系
		定期进行客户分析，提高重点突破客户向重点维护客户转化的比率；定期对这些客户的价值进行分析，通过对重点突破客户的培养，双方慢慢建立起一种持续、稳定的关系，此时客户的潜在价值会慢慢转化为当前价值
一般客户	当前价值和潜在价值都不明显的一类客户	采取“坚决保留”的做法：仔细研究客户的当前价值和潜在价值，运用适当的策略对待这类客户，争取将一般客户转化为重点突破客户、重点维护客户，甚至是活跃客户

续表

客户类型	特征	营销策略
流失放弃客户	当前价值和潜在价值都很低的一类客户	此类客户虽然不会给店铺带来价值和利益，但也不会消耗店铺的资源，可以不对其制定任何策略

三、客户生命周期管理

客户生命周期是指客户从主动搜索、关注、收藏、加入购物车、首次成交、复购到最后流失的过程，客服在这个过程中对客户进行的关系维护和营销就是客户生命周期管理。客户生命周期管理的意义在于通过时间维度对客户进行精准营销，在合适的时间采用合适的服务策略、推送合适的营销信息，加深客户的记忆和品牌识别，提升客户的购物体验和营销效果，降低营销成本。

微课视频

客户生命周期管理

根据客户的生命周期，可以将所有客户分为潜在客户（准客户）、新客户和回头客户。

1. 潜在客户（准客户）

潜在客户（准客户）分为拍下商品未付款的客户和退款客户。

（1）对于拍下商品未付款的客户，首先要做的事情就是催付。催付分为以下几种情形。

① 拍下商品 5 分钟未付款的催付。针对拍下商品 5 分钟未付款的客户，可以询问客户在付款时是否遇到了问题，并针对客户的问题进行关怀、沟通及提供解决方案，达到帮助客户和催付的目的。

② 拍下商品后 15～30 分钟未付款的催付。针对拍下商品 15～30 分钟未付款的客户，可以提醒客户核实订单、地址信息，同时提醒其付款。

③ 交易关闭前的催付。在日常交易时，客户拍下商品后，交易状态将变成等待买家付款。不同平台等待买家付款时间不同，淘宝、天猫等待买家付款的时间是 3 天，所以在交易关闭前的 12～24 小时，可以提醒客户交易即将关闭，请及时付款。

④ 交易关闭后催付。主要是针对聚划算等大型活动的催付，客服要及时提醒客户交易即将关闭请及时付款。如果交易已经关闭，可以建议客户领取优惠券重新拍下产品。

其次对于潜在客户（准客户）的生命周期管理还有定期特别促销推送，这主要是针对拍下商品未付款的客户在第二阶段要做的事情。可以针对上一周、上一个月所有拍下商品未付款的客户策划特别促销活动，并进行促销活动告知。

对于潜在客户（准客户），在每次活动前，都可以将其视为新客户进行预热、关怀、赠送优惠券、告知等。可以视店铺经营情况和客户特征，确定合适的客户存活时间周期，在合理的时间间隔内对客户进行关怀、促销活动告知。

（2）对于退款客户的管理，首先要明确退款原因，并在服务中热情接待、表示歉意；退款成功后一周或一个月，可以针对退款客户推出特别的优惠活动，强化客户对店铺、品牌的记忆。

2. 新客户

新客户指的是首次购买并成功交易的客户。从下单开始，就需要对新客户进行科学、合理的管理，管理的思维和逻辑与管理潜在客户大同小异，管理的内容则与管理潜在客户有所区别，主要有催付关怀、付款关怀、发货关怀、同城关怀、派送关怀、签收关怀、确认收货关怀、使用关怀、促销或权益告知关怀。

（1）催付关怀。对于下单后没有付款的客户，需要进行催付，催付成功的客户就成为新客户，催付失败的客户就成为下单未付款的客户。例如，客服可以对客户说："亲亲，我看您拍的订单还未付款哦，请尽快付款，我们好尽快发货哦，如遇什么问题，随时联系我哈！"

（2）付款关怀。在客户付款成功后，客服可以发送一条付款成功的关怀信息，主要是和客户确认付款成功并表示感谢，同时对客户进行安全提醒。例如，客服可以对客户说："亲亲，您的订单已付款成功，我们会尽快检查货物并发出，感谢您的支持。温馨提醒，有问题随时联系店铺官方客服，其他形式的退换货、补偿等信息均不实，请注意财产安全。"

（3）发货关怀。客户成功付款，尽快安排发货并上传快递单号后，可通过 CRM 系统发送一条短信告知客户货品已经提交给快递公司以及快递单号信息，方便客户查询物流信息，并对客户的购买和支持表示感谢。例如，客服可以对客户说："亲，您的订单×××××已发出，快递单号是1234567，感谢您对小店的支持，祝您生活愉快！"

（4）同城关怀。当包裹到达客户所在的城市后，可通过 CRM 系统发

送一条短信告知客户包裹已到达其所在城市，以便客户安排时间接收。例如，客服可以对客户说："亲，您的订单已到达杭州市，预计今天派送，请注意查收。"

（5）派送关怀。当包裹由快递公司的配送员进行配送时，CRM 系统可以发送一条短信告知客户包裹正在配送，提醒客户手机保持开通状态，以便配送人员联系签收事宜。

（6）签收关怀。包裹被签收后，可通过 CRM 系统发送一条短信，告知客户包裹已被签收，提醒客户如果非本人签收，要及时查件；引导客户前往平台进行付款确认、评价；如果有抽奖、送礼等激励性的互动活动，则客户的评价效果会更好。例如，客服可以对客户说："亲，您的宝贝已签收，如非本人操作，请注意及时查件。如对我们的商品和服务满意，可以进入平台确认订单和评价，参与就可以抽奖哦，如有什么不满意，也务必告知我们。"

（7）确认收货关怀。客户签收并主动确认付款后，CRM 系统的订单中心可以发送一条短信，感谢客户并告知款项到账，然后可以再次引导客户进行评价。

（8）使用关怀。在客户收到商品并使用一段时间后，客服可以对客户进行回访性关怀，同时可以植入二次营销的内容。

（9）促销或权益告知关怀。客服每个月都可以对客户进行促销活动或者权益告知，加深客户对店铺以及品牌的记忆，引导客户进行回购。对于没有回头购买的客户，可以将此项工作一直持续到客户进入流失期。

3. 回头客户

对于回头客户的生命周期管理，管理的节点、内容、模式等和新客户的生命周期管理大同小异，但订单完结之后的管理内容、节奏和新客户的生命周期管理相比有比较明显的区别。需要针对回头客户进行更加人性化的关怀，以增加他们的黏性，包括生日关怀、节日关怀、特别关怀、促销活动告知关怀等。

（1）生日关怀。对于回头客户，在获取客户的生日信息后，可以对客户进行生日关怀，包括发送祝福、赠送特别优惠或礼品等，吸引客户前来享受生日特别优惠或领取生日礼物，以增加客户黏性。例如，客服可以对客户说："亲爱的 VIP 用户 ××，在这个特别的日子里，希望你拥有最特别、最幸福的一天，生日快乐！小店特送上无门槛优惠券 50 元，开心的话来店里逛逛吧！"

（2）节日关怀。在节日来临时，店铺基本上都会借势策划配套的促销活动，可以将多次购买的客户分组或分类进行节日关怀。

（3）特别关怀。针对不同的客户，可以策划不同的促销活动，从不同角度进行关怀和促销活动推送。

（4）促销活动告知关怀。针对大型促销活动，可针对回头客户进行促销活动告知关怀。

四、客户忠诚度管理

客户忠诚度是指客户对某个品牌的产品及服务喜欢或者依赖的程度。客户忠诚度管理就是让客户喜欢和依赖品牌、产品或服务的整个营销管理过程。具体来说，客户忠诚度管理的目的就是让客户成为店铺的粉丝，产生更多的购买，为店铺带来更多的利润，同时产生更多的口碑传播，让品牌的美誉度、知名度都不断提升。作为直接跟客户沟通的客服人员，承担了客户忠诚度管理的大部分工作。

微课视频

客户忠诚度管理

客户忠诚度管理的两大体系是客户会员体系和客户积分体系。客服人员需要掌握构建客户会员体系的流程和创建客户积分体系的方法。

1. 客户会员体系

构建客户会员体系的流程如下。

（1）确定会员等级。会员等级一般包括普通会员、高级会员、VIP 会员、至尊 VIP 会员。

（2）确定晋级条件。结合商品特性、价格、平均客单价、消费频次等因素，设定合理的会员晋级门槛。门槛太低，不利于激励会员多消费；门槛太高，则会让会员感觉太难而放弃。

（3）确定会员权益。会员权益不仅包含会员折扣，还包括各种特权，如会员专享商品、专属客服特权、生日特别礼物特权、积分加倍特权、退换货特权、包邮特权等。

（4）确定降级机制。如果会员长期没有查阅或者购买动作，也可以设置一定的降级机制，当然也可以不设置，以免流失客户。

（5）设计会员页面。根据会员体系的内容，以方便客户查阅的形式设计会员页面。

（6）告知会员权益。让每一个会员都清楚会员有哪些权益。

（7）会员制度说明。对会员的相关制度进行解释说明。

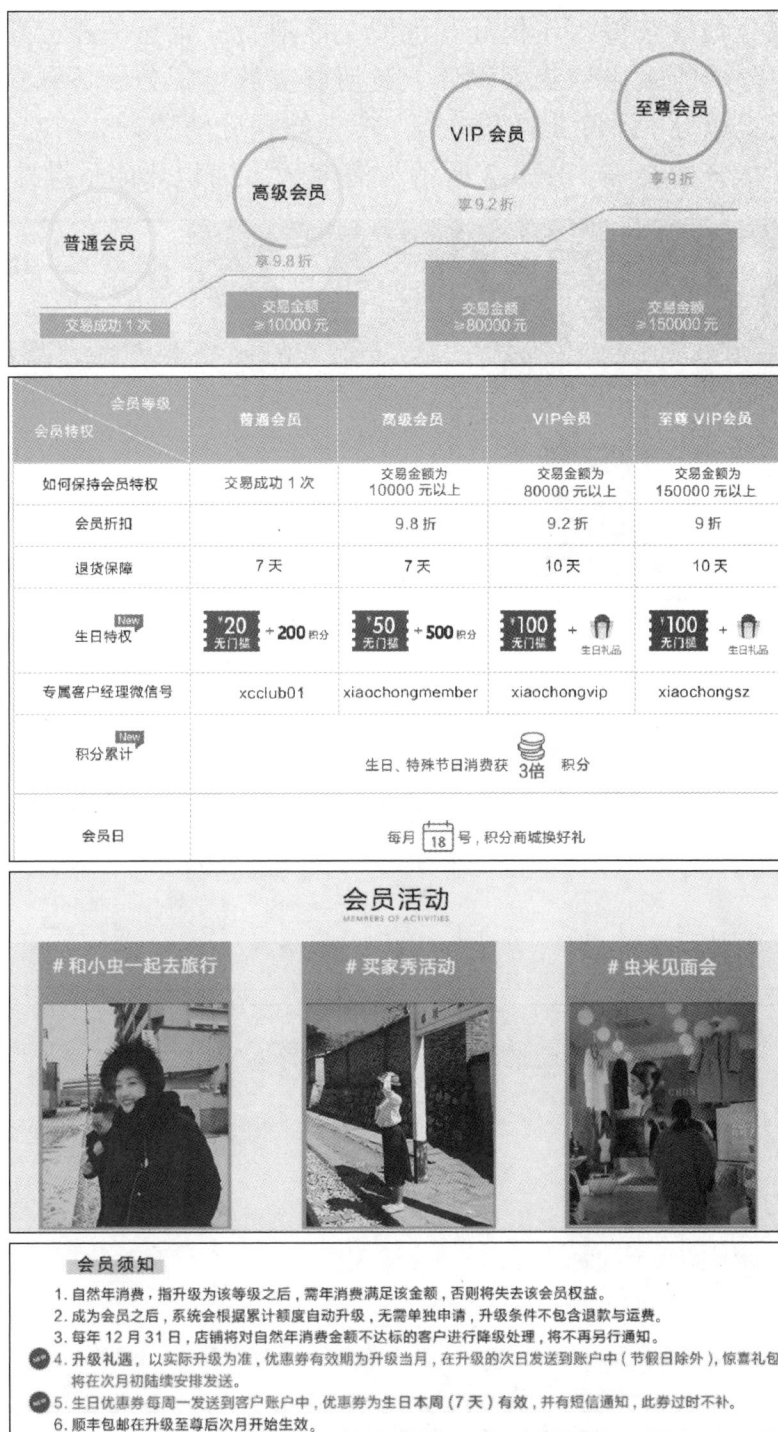

图 4-1 所示为淘宝某女装店铺的会员体系部分内容。

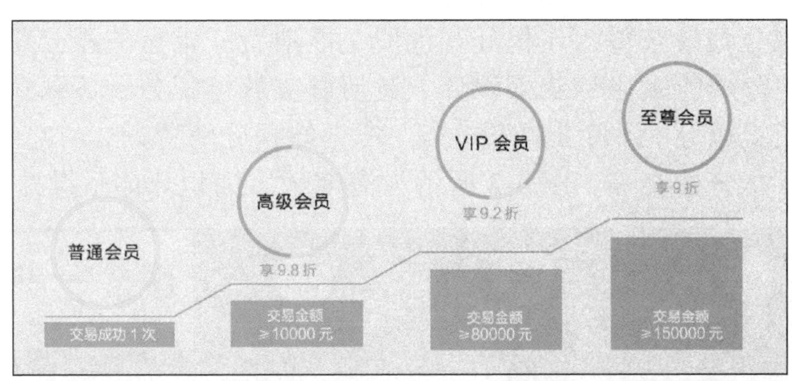

会员特权 \ 会员等级	普通会员	高级会员	VIP会员	至尊 VIP会员
如何保持会员特权	交易成功 1 次	交易金额为 10000 元以上	交易金额为 80000 元以上	交易金额为 150000 元以上
会员折扣		9.8 折	9.2 折	9 折
退货保障	7 天	7 天	10 天	10 天
生日特权 New	¥20 无门槛 + 200 积分	¥50 无门槛 + 500 积分	¥100 无门槛 + 生日礼品	¥100 无门槛 + 生日礼品
专属客户经理微信号	xcclub01	xiaochongmember	xiaochongvip	xiaochongsz
积分累计 New	生日、特殊节日消费获 3倍 积分			
会员日	每月 18 号，积分商城换好礼			

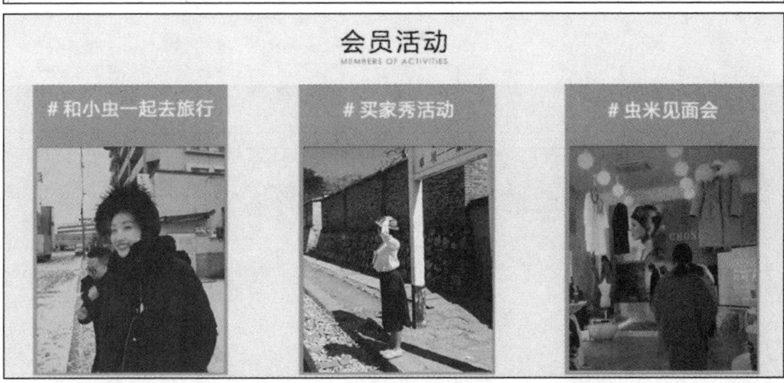

会员须知

1. 自然年消费，指升级为该等级之后，需年消费满足该金额，否则将失去该会员权益。
2. 成为会员之后，系统会根据累计额度自动升级，无需单独申请，升级条件不包含退款与运费。
3. 每年 12 月 31 日，店铺将对自然年消费金额不达标的客户进行降级处理，将不再另行通知。
4. 升级礼遇，以实际升级为准，优惠券有效期为升级当月，在升级的次日发送到账户中（节假日除外），惊喜礼包将在次月初陆续安排发送。
5. 生日优惠券每周一发送到客户账户中，优惠券为生日本周（7 天）有效，并有短信通知，此券过时不补。
6. 顺丰包邮在升级至尊后次月开始生效。

图 4-1 淘宝某女装店铺的会员体系部分内容

2. 客户积分体系

客户积分体系是客户忠诚度管理中最常用的工具，创建积分体系的原则是要让积分容易获得，让积分有价值、能消费。常见的积分获取方式有消费获得积分、收藏店铺获得积分、邀请好友获得积分、签到获得积分、参与互动获得积分、评价获得积分等。常见的积分消费方式有兑换优惠券、兑换礼品、积分抽奖等。图 4-2 所示为淘宝某店铺积分体系设计。

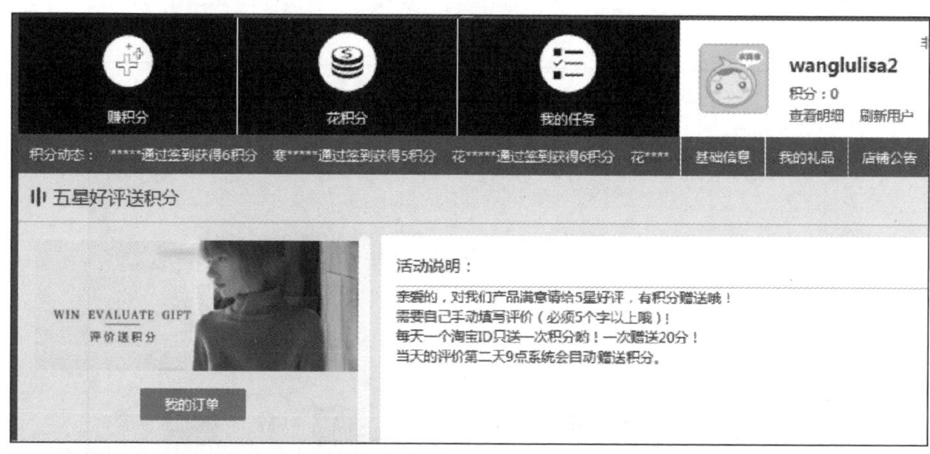

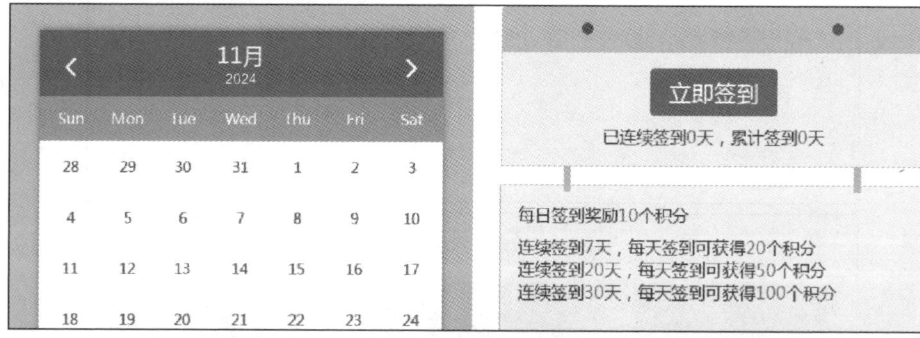

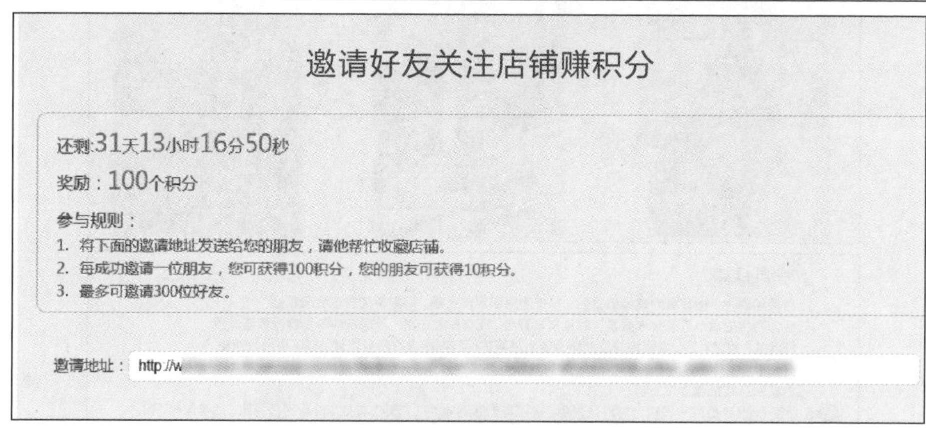

图 4-2 淘宝某店铺积分体系设计

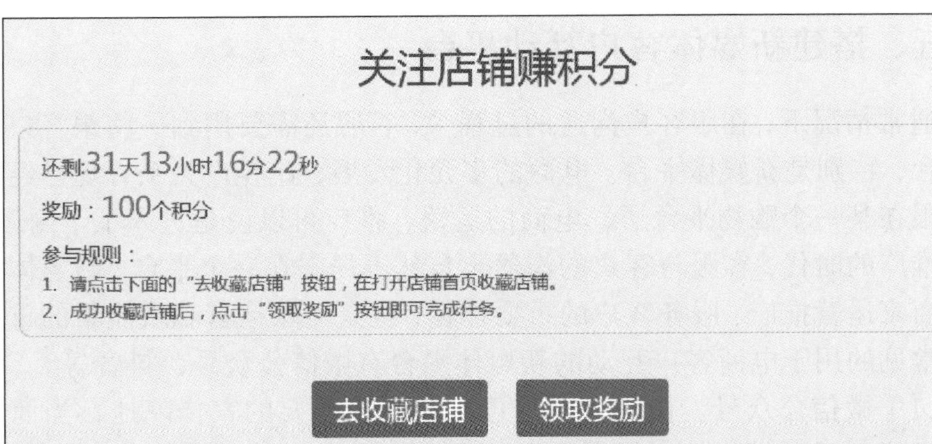

关注店铺赚积分
还剩:31天13小时16分22秒
奖励：100个积分
参与规则：
1. 请点击下面的"去收藏店铺"按钮，在打开店铺首页收藏店铺。
2. 成功收藏店铺后，点击"领取奖励"按钮即可完成任务。
去收藏店铺
领取奖励

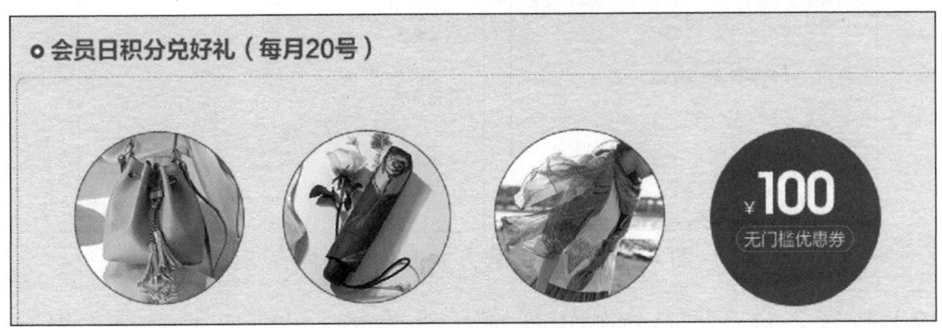

图 4-2　淘宝某店铺积分体系设计（续）

五、搭建新媒体客户互动平台

通常情况下，在跟客户沟通的过程中，客服还需要用到一些跟客户互动的平台，特别是新媒体平台。电商的多元化发展，让客户关系管理已经不仅仅局限在某一个购物平台了，电商的运营、推广可以说是进入了全网运营、全网推广的时代，客服与客户的沟通也自然不局限在一个平台。新媒体平台成了商家运营推广、服务客户的重要途径，也是商家运营私域流量的重要平台。常见的用于电商客户互动的新媒体平台有微信公众号、抖音等。

（1）微信公众号。微信公众号已经是商家重要的宣传阵地，当商家有新品尝鲜、活动折扣等活动时，都可以在自己的微信公众号中发布相关信息。除此之外，微信公众号也是商家客户服务的重要平台，商家可以通过一些引流内容服务客户，跟客户互动，也可以利用微信公众号对会员进行管理和服务，比如，会员福利通知、会员福利参与、粉丝维护和互动等。图 4-3 所示为某品牌官方微信公众号内容。

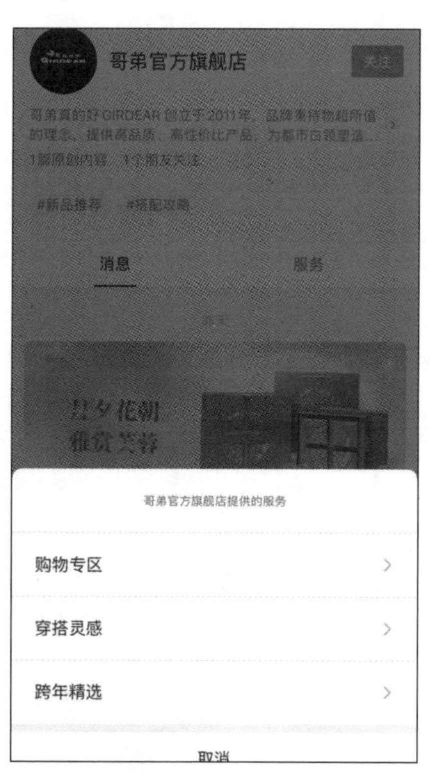

图 4-3　某品牌官方微信公众号内容

（2）抖音。抖音原是音乐短视频互动平台，目前成了商家竞相争夺的市场，越来越多的商家开始在抖音上注册自己的账号，来进行产品推广和客户服务。买家通过关注自己喜欢的品牌抖音号了解品牌的一些情况，如上新、福利、活动计划等。有些品牌还会在抖音上发布一些知识型、服务型视频，以此来提高客户服务的质量，同时还会通过多种多样的互动内容来提高粉丝的参与度。图 4-4 所示为某些品牌商家的抖音官方账号。

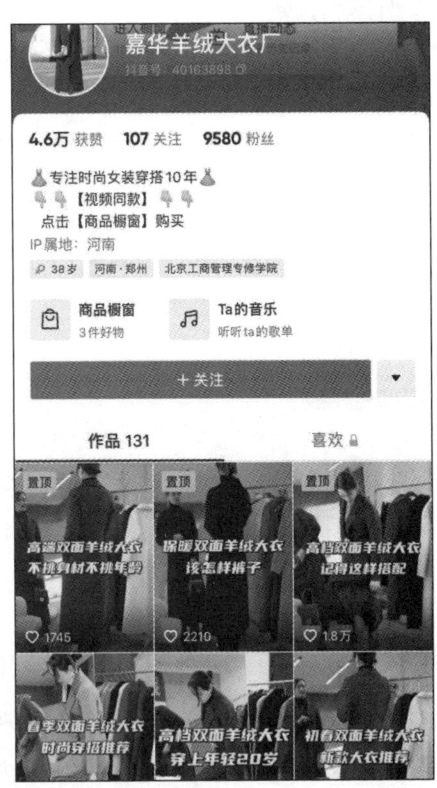

图 4-4　某些品牌商家的抖音官方账号

除此之外，还有很多新媒体平台，如微博、哔哩哔哩、小红书等，面对越来越分散的流量和服务精准化的客户需求，电商企业要紧跟新媒体平台的发展趋势，拓宽客户服务的平台，服务好每一位客户。

项目小结

本项目主要对客户关系管理的内容和方法进行了详细阐述，在注重老客户和私域流量的电商时代，客户关系管理是电商客服岗位的重要工作内容，做好客户关系管理，能有效帮助电商企业节约成本、提高客户满意度。以下为本项目的主要知识点总结。

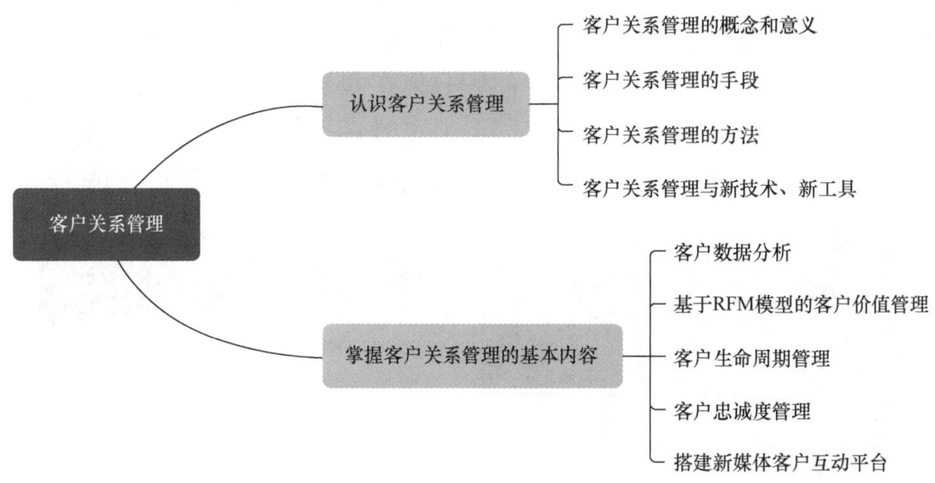

项目实训

为了更好地帮助大家理解电商客户关系管理的重要性和意义，掌握客户关系管理的内容、方法和工具，本环节特设置了以下实践训练任务，旨在帮助学习者更好地掌握本项目相关知识和技能。

实训目标

1. 理解客户关系管理的重要性和意义。
2. 掌握客户关系管理的方法和内容。

实训要求

1. 能够通过客户数据分析鉴别出客户忠诚度情况。
2. 能够为不同店铺设计营销策略。
3. 能够为店铺设计会员体系和积分体系。

实训内容

1. 以下分别是店铺 A 和店铺 B 的部分客户数据，如表 4-12、表 4-13、表 4-14、表 4-15 所示。请利用客户数据分析的知识和客户忠诚度管理的知识，判断 A 和 B 哪个店铺的客户忠诚度更高？

表 4-12　A 店铺客户购买人数分布

RFM 模型	F=1	F=2	F=3	F=4	F≥5	行合计
R≤30	20225 人 占比： 1.4%	6862 人 占比： 0.48%	3274 人 占比： 0.23%	1873 人 占比： 0.13%	4496 人 占比： 0.31%	36730 人 占比： 2.55%
30＜R≤90	33911 人 占比： 2.35%	11229 人 占比： 0.78%	5312 人 占比： 0.37%	2915 人 占比： 0.2%	6708 人 占比： 0.47%	60075 人 占比： 4.17%
90＜R≤180	85371 人 占比： 5.93%	25329 人 占比： 1.76%	11171 人 占比： 0.78%	5994 人 占比： 0.42%	12475 人 占比： 0.87%	140340 人 占比： 9.74%
180＜R≤360	199995 人 占比： 13.88%	44365 人 占比： 3.08%	17825 人 占比： 1.24%	9192 人 占比： 0.64%	16108 人 占比： 1.12%	287485 人 占比： 19.96%
R>360	686006 人 占比： 47.62%	137035 人 占比： 9.51%	46863 人 占比： 3.25%	20562 人 占比： 1.43%	25477 人 占比： 1.77%	915943 人 占比： 63.58%
列合计	1025508 人 占比： 71.18%	224820 人 占比： 15.61%	84445 人 占比： 5.86%	40536 人 占比： 2.81%	65264 人 占比： 4.53%	1440573 人 占比： 100%

表 4-13　A 店铺客户购买金额分布

RFM 模型	F=1	F=2	F=3	F=4	F≥5	行合计
R≤30	7849171 元 占比： 0.82%	5680842 元 占比： 0.6%	4161211 元 占比： 0.44%	3323331 元 占比： 0.35%	1867832 元 占比： 1.96%	39692881 元 占比： 4.17%
30＜R≤90	10332268 元 占比： 1.08%	8114851 元 占比： 0.85%	6396351 元 占比： 0.67%	4856222 元 占比： 0.51%	25800680 元 占比： 2.71%	55500371 元 占比： 5.83%
90＜R≤180	24271420 元 占比： 2.55%	18114004 元 占比： 1.9%	13384914 元 占比： 1.41%	9959049 元 占比： 1.05%	45257144 元 占比： 4.75%	110986531 元 占比： 11.65%
180＜R≤360	85204104 元 占比： 8.94%	40175131 元 占比： 4.22%	24240634 元 占比： 2.54%	16686366 元 占比： 1.75%	55652692 元 占比： 5.84%	221958927 元 占比： 23.3%

续表

RFM 模型	F=1	F=2	F=3	F=4	F≥5	行合计
R>360	260157596 元 占比：27.31%	103784884 元 占比：10.9%	54712960 元 占比：5.74%	32381264 元 占比：3.4%	73358013 元 占比：7.7%	524394717 元 占比：55.05%
列合计	387814559 元 占比：40.71%	175869711 元 占比：18.46%	102896070 元 占比：10.8%	67206231 元 占比：7.06%	21874685 元 占比：22.96%	952533427 元 占比：100%

表 4-14　B 店铺客户购买人数分布

RFM 模型	F=1	F=2	F=3	F=4	F≥5	行合计
R≤30	6068 人 占比：2.9%	378 人 占比：0.18%	66 人 占比：0.03%	23 人 占比：0.01%	25 人 占比：0.01%	6560 人 占比：3.14%
30＜R≤90	8012 人 占比：3.83%	555 人 占比：0.27%	117 人 占比：0.06%	38 人 占比：0.02%	29 人 占比：0.01%	8751 人 占比：4.19%
90＜R≤180	34359 人 占比：16.44%	2657 人 占比：1.27%	506 人 占比：0.24%	127 人 占比：0.06%	106 人 占比：0.05%	37755 人 占比：18.07%
180＜R≤360	51958 人 占比：24.87%	3554 人 占比：1.7%	619 人 占比：0.3%	145 人 占比：0.07%	83 人 占比：0.04%	56359 人 占比：26.97%
R>360	93037 人 占比：44.53%	5579 人 占比：2.67%	691 人 占比：0.33%	162 人 占比：0.08%	60 人 占比：0.03%	99529 人 占比：47.63%
列合计	193434 人 占比：92.57%	12723 人 占比：6.09%	1999 人 占比：0.96%	495 人 占比：0.24%	303 人 占比：0.15%	208954 人 占比：100%

表 4-15　B 店铺客户购买金额分布

RFM 模型	F=1	F=2	F=3	F=4	F≥5	行合计
R≤30	1632738 元 占比：2.66%	219567 元 占比：0.36%	63790 元 占比：0.1%	32499 元 占比：0.05%	73237 元 占比：0.12%	2021830 元 占比：3.29%

续表

RFM 模型	F=1	F=2	F=3	F=4	F≥5	行合计
30＜R≤90	1611861 元 占比：2.62%	267339 元 占比：0.44%	92619 元 占比：0.15%	47195 元 占比：0.08%	65312 元 占比：0.11%	2084325 元 占比：3.39%
90＜R≤180	6620141 元 占比：10.77%	1372673 元 占比：2.23%	459033 元 占比：0.75%	174818 元 占比：0.28%	233473 元 占比：0.38%	8860138 元 占比：14.42%
180＜R≤360	18838557 元 占比：30.66%	2533738 元 占比：4.12%	665749 元 占比：1.08%	226619 元 占比：0.37%	170736 元 占比：0.28%	22435399 元 占比：36.51%
R>360	22314859 元 占比：36.31%	2861343 元 占比：4.66%	581996 元 占比：0.95%	162641 元 占比：0.26%	129908 元 占比：0.21%	26050748 元 占比：42.39%
列合计	51018156 元 占比：83.02%	7254660 元 占比：11.81%	1863187 元 占比：3.03%	643771 元 占比：1.05%	672666 元 占比：1.09%	61452440 元 占比：100%

分析参考：从表格可以看出，A 店铺的客户忠诚度较高，回购的老客户占比以及老客户带来的销售额占比也比较高，其中购买两次及以上的老客户人数占比为 28.81%，他们贡献了 59.29%的销售额。B 店铺客户忠诚度较低，回购的老客户占比和老客户带来的销售额占比也比较低，其中购买两次及以上的老客户人数占比为 7.43%，他们贡献了 16.98%的销售额。

2. 根据客户的 RFM 数据，我们可以将客户细分为 5 个类型。请根据每种客户的特征，为其设计相应的营销策略，填写在表 4-16 中。

表 4-16 营销策略设计

客户类型	特征	营销策略
活跃客户	活跃客户是潜在价值和当前价值都很高的客户，是店铺的核心客户，这类客户的特征是与店铺之间的关系非常持久、稳定	策略一：
		策略二：
		策略三：
		策略四：

续表

客户类型	特征	营销策略
重点维护客户	重点维护客户也是店铺利润的一个主要来源，虽然它的当前价值很低，但是潜在价值很高	策略一：
		策略二：
		策略三：
重点突破客户	重点突破客户的当前价值很高，但是潜在价值很低，是值得商家深度挖掘的一类客户	策略一：
		策略二：
		策略三：
一般客户	当前价值和潜在价值都不明显的一类客户	策略：
流失放弃客户	当前价值和潜在价值都很低的一类客户	策略：

3. 请选择一家你喜欢的店铺，为其设计一份会员体系和积分体系。会员体系要有会员分级、会员权益、会员页面、制度说明等内容；积分体系要包含积分赚取方式和积分消费方式。

 素养小课堂

你待我宾至如归，我还你门庭若市。

一次服务，终生服务！

认识、相信、信任、依赖。

微笑暖人心，真情待客户。

失败与挫折只是暂时的，成功已不会太遥远！

项目五

电商客服岗位剖析

学习目标

知识目标

1. 了解电商客服岗位的发展变化。
2. 理解电商客服岗位能力模型。
3. 了解电商客服岗位的新技术、新工具。
4. 了解电商新模式下的客户服务。

技能目标

能全面、客观、深入地剖析电商客服岗位。

素养目标

1. 培养积极探索、勇于创新的职业意识。
2. 树立与时俱进、持续进步的进取精神。

情景导入：阅故事，懂职场

客服小伍的职场腾飞记——第五集：坚持

跟小伍一起入职公司的小伙伴一共有六位，其中还有他的同班同学，但是，让小伍伤感的是，这些小伙伴慢慢都离职了，最后仅剩下他和另一个小伙伴。他们有的是因为工作强度太大或要上夜班而离职的；有的是因为受不了客户的责骂、刁难、无理取闹而离职的；有的是因为一直做客服没有前途而离职的。每次当小伙伴要离职的时候，小伍都极力挽留，让他们再坚持坚持，但是，人各有志，他们有了离职的想法就很难被改变了。

其实，小伍也是一个普通人，他也有沮丧的时候，也有想要放弃的时候，但是，每当他动摇的时候，他都没有迷茫，而是快速寻找让自己冷静的方法，比如，找领导谈话，找朋友倾诉，分析问题时尽量客观而不是主观地以自我为中心，尝试着换个角度看待问题等，经过一系列的思想斗争，他的理性总能战胜感性。他认为，任何一个工作环境，不可能方方面面都令人满意，只要自己有方向，有目标，真心付出，真诚对待，总有一天会取得自己满意的结果。

现在，他对客服岗位的看法，已经不同于刚入职时候了，他对客服岗位有了更深刻的认识，他感受到了自己的岗位是公司店铺运营中非常重要的一环，客服不是没有发展的，反而是比较有发展前景的岗位。

面对工作以来经历的来来往往的同事，他庆幸自己坚持下来了，并取得了不错的成绩，同时为离开的同事感到惋惜。

项目导读

无论求职者还是用人单位，在电商的主要岗位中，客服是容易被忽略的且不被重视的岗位。求职者认为客服岗位太低端，没有技术含量和发展前途，不愿意从事这个岗位；用人单位认为客服岗位流动性大且不重要，并不重视这个岗位甚至将客服岗位外包出去。正是因为所有人对客服岗位有如此的误解，我们才需要更加有深度、更加有广度地对待电商客服岗位，不能简简单单地把它当做一个普通的服务岗位，而是要把它当成高级客户经理或高级客户顾问来看待。

任务一　理解电商客服岗位的重要性

电商客服岗位是店铺唯一一个跟客户直接沟通的岗位，它代表着店铺的形象。客服岗位直接影响着客户的购物体验，影响着店铺的转化率和成交量，进而影响着店铺的品牌形象。优秀的客服可以给店铺带来回头客，提高店铺的动态评分；反之，不合格的客服可能造成店铺的客户流失，导致店铺评分差、转化率低。

一、客服岗位对客户购物体验的影响

在市场竞争越来越激烈的情况下，客户有很多选择，客户都愿意选择服务态度好、专业、主动热情的店铺下订单。店铺客服虽然不能直接决定客户是否购买，但是客服在给客户提供服务的过程中，带给客户的购物体验会直接影响客户的购买决定和对店铺的评价。如果客服是爱答不理、一问三不知的，那么客户对该店铺已经没有了良好的印象，更没有再次光顾该店的可能性。一个优秀的客服，通过客户的文字觉察到对方的情绪，对其或安抚或赞美，恰到好处地让客户感受到舒适的购物体验。

专业的客服可以通过热情主动的接待和有效的沟通，真诚对待每一个客户，耐心倾听客户需求，站在客户的角度思考问题，专业地帮客户解决问题，进而提升客户的购买体验。

二、客服岗位对店铺成交量的影响

店铺的成交量往往受很多因素影响，如服务、价格、产品详情页、客户评价等。虽然客服不是决定客户是否购买的唯一因素，但是客服的服务会对客户的购买决定产生非常大的影响，甚至直接影响客户是否购买。客户的购买一般有两种方式，一种是咨询客服后再下单，另一种是客户通过阅读产品详情页，对产品有了一定认知后，在没有咨询客服的情况下，直接下单。据统计，咨询过客服的客户，客单价往往比直接下单的客户要高。客服在提供服务时，通常会因以下因素影响店铺的成交量。

（1）客户会在购买之前针对不太清楚、不太确定的内容或优惠措施咨询客服，客服在线及时解决客户的疑问，能促成交易达成。

（2）当客户跟客服的沟通顺畅、愉悦时，会增加客户的下单概率。

（3）当犹豫不决的客户面对具有专业知识和良好的销售技巧的客服时，成交率会显著增加。

（4）客户拍下商品而未付款时，客服可以及时跟进，通过向买家询问是否需要帮助等方式让客户及时付款。

（5）良好的购物体验会提高客户的重复购买率，直接提高店铺的成交量。

总之，一个优秀的客服往往会影响客户的购物体验和购买情绪。优秀的客服和不合格的客服对店铺的成交量影响非常大，如图 5-1 所示。

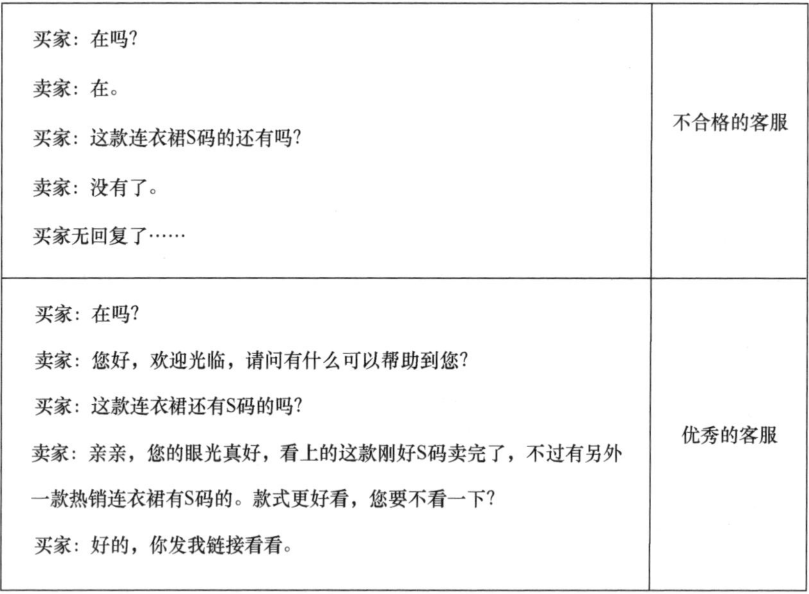

买家：在吗？ 卖家：在。 买家：这款连衣裙S码的还有吗？ 卖家：没有了。 买家无回复了……	不合格的客服
买家：在吗？ 卖家：您好，欢迎光临，请问有什么可以帮助到您？ 买家：这款连衣裙还有S码的吗？ 卖家：亲亲，您的眼光真好，看上的这款刚好S码卖完了，不过有另外一款热销连衣裙有S码的。款式更好看，您要不看一下？ 买家：好的，你发我链接看看。	优秀的客服

图 5-1　不同客服的服务质量示例

三、客服岗位对店铺形象的影响

电商交易的特点之一是客户接触不到实物产品，只能通过产品图片和客服的介绍和服务来判断产品、感知店铺的形象和品牌的价值。在这个过程中，客服岗位充当了重要的传递者，客服留给客户的形象是店铺和品牌留给客户的形象。优质、专业的服务往往跟优秀的品牌形象一致，如果店铺的服务态度差、不专业、回复不及时，那客户也很难对该店铺和品牌有好的印象。

客服人员可以通过专业的服务、较高的职业素质、较高的品牌意识、较高的店铺荣誉感来树立客户对店铺的良好形象。

四、客服岗位对店铺运营策略的影响

客服除了接待客户、处理销售和售后问题外，在店铺运营中还起到了“侦查员”的作用。客服通过整理、归纳在与客户沟通的过程中发现的问题和客户需求，反馈给相关部门进行优化改良，从而能给店铺的运营带来有益的决策依据和数据支持。

同时，面对竞争日益激烈的网购市场环境和产品同质化越来越严重的局面，商家的运营动作也变得非常透明，如引流的成交词、关键词的布局、主图数据等很容易就被竞争对手分析得一清二楚，而唯一分析不透的就是客户服务。当使用常规的运营手段不能给店铺带来预期的效果时，可以把目光投放在客服岗位上，让客服通过更专业的服务吸引客户，这样解决的不仅是订单的问题，还能给店铺带来更多无形的、潜在的优质资源，如店铺形象提升、回购率增加、权重增加等。

任务二　理解电商客服岗位的职业发展

电商客服岗位虽然经常被误解和忽略，但如今，在竞争日益激烈的电商环境下，店铺的运营和管理能力不断提升，越来越多的商家开始意识到私域流量的重要性，意识到客户服务对店铺的重要性，开始逐渐重视客服岗位。客服人员更不能忽视自己所在的岗位，要客观、正确地看待客服岗位，不能单一地以“好”和“不好”来判断、定义这个岗位，应该综合考量客服岗位，为自己的职业发展提供科学合理的分析思路。

一、换个思路看待客服岗位的发展

任何事物都有两面性，电商客服岗位也同样如此。虽然电商客服岗位有着诸多不被求职者看好的一面，但是电商客服岗位也有其他岗位所不具备的发展潜力。求职者不看好，多数是由于对客服岗位的认识不够、自身发展规划不清晰等，并不意味着这个岗位差，从前文学习到的知识可以看出，电商客服岗位并不是没有技术含量、发展前景差的岗位。真正做好客服岗位，不但要有很强的专业知识、沟通能力、销售技巧，还要有很强的应变能力、学习能力、情绪捕捉和管理能力，甚至还要具备数据分析能力、组织协调能力。

虽然应聘门槛不高，但是要求却很高，它不仅仅是简单机械地回答客户问题，它是对店铺形象、订单量、客户满意度有着很大影响的岗位。

可以换个思路看客服岗位：它反而是求职者很好的选择。正是因为有很多人不看好电商客服岗位，所以这个岗位的市场竞争不大，求职者能相对容易地找到满意的该类岗位。

客服人员要多方面看待客服岗位，综合自身能力、岗位职业发展、岗位要求等因素，多方位看待客服岗位，换个思路看待这个岗位，或许会有不一样的发现。

二、客服岗位的几种职业发展方向

从前文讲到的客服岗位要求可以看出，客服可以说是全能的，所以，它的职业发展也是多元化的，通常有以下三个发展方向。

（1）管理方向，比如客服专员、客服主管、客服经理、客服总监。

（2）运营方向，比如运营岗位、推广岗位、策划岗位、市场岗位。

（3）培训方向，比如客服培训师、电商讲师等。

当然，除了上述三种发展方向，客服人员还可以转岗做客户高级顾问、业务流程优化专家、产品体验师、智能训练师等岗位。如果想创业，还可以考虑做客服外包。

对客服岗位做职业规划，要结合自己的个人技能分析，明确不同发展方向需要具备的职业技能和职业素养，制定适合自己的发展方向。比如，朝客服管理岗位发展，需要个人具备较强的领导力和统筹观念；朝运营岗位发展，需要个人具备比较活跃的思维和对市场敏锐的洞察力；朝培训岗位发展，需要个人在产品、营销、销售上有极强的钻研精神，并且要有很强的语言表达能力。当然，个人适合的发展方向并不是一开始就能明确的，需要在工作中不断探索、不断发掘自我的素质和能力，逐步找到合适自己的职业发展方向。

任务三　理解电商客服岗位能力模型

岗位能力模型是用行为方式来定义和描述员工完成工作需要具备的知识、技能、品质和工作能力。通过对不同层次的定义和相应层次的具体行为描述，确定核心能力的组合和完成特定工作所要求的熟练程度。这些行

为和技能必须是可衡量、可观察、可指导的，并对员工的个人绩效及企业的成功产生关键影响。

根据不同客服所掌握的知识和技能对客服岗位进行分级，可以将电商客服分为初级客服、中级客服、高级客服。不同层级的客服在工作能力和工作绩效上是有区别的。明确客服岗位能力模型，可以使客服人员认识自身的优缺点，更好地提升个人能力、清晰了解客服岗位的职业发展方向，同时方便管理人员对客服团队进行科学的绩效管理。

一、初级客服岗位能力模型

初级客服一般是刚做客服的新人，技能要求比较基础，初级客服是每个客服人员向上晋升的必经之路。初级客服要求掌握客服服务规范和服务流程；掌握业务基础和专业的产品知识；有售前转化及售后基础处理能力；有良好的沟通技巧；能熟练地使用相关工具。

初级客服岗位要具备售前及基础售后能力、问题分析挖掘能力、倾听能力、沟通表达能力、学习能力。初级客服岗位能力模型如图 5-2 所示。

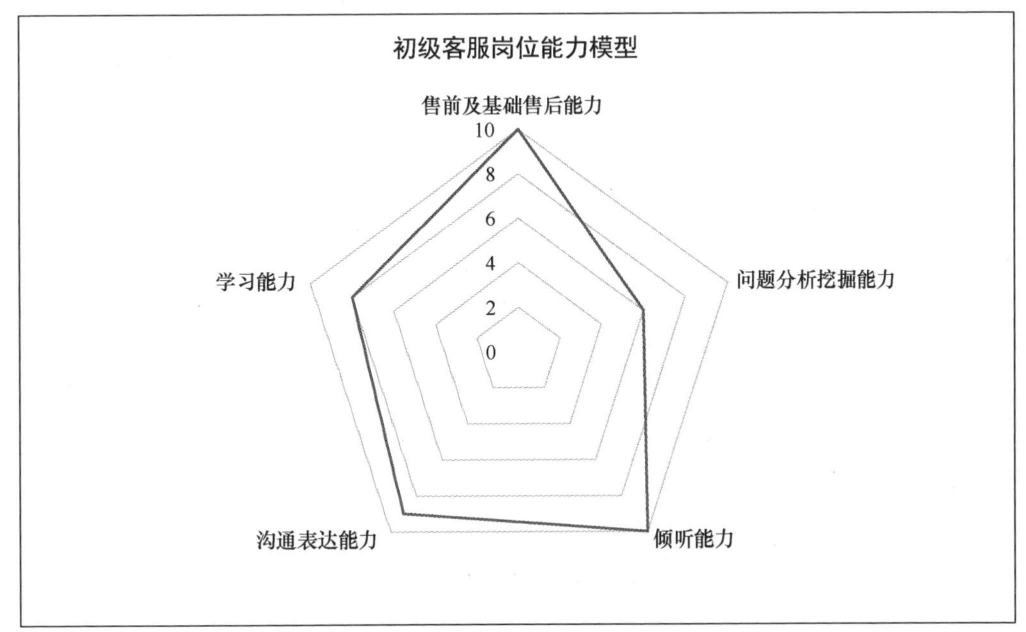

图 5-2　初级客服岗位能力模型

当然，初级客服不可能永远是初级客服，初级客服可以通过学习提升自己的业务能力，如内部分享学习和聊天内容自检，自己总结、分析问题，通过努力学习，初级客服可以很快地适应客服岗位，向更高的客服层级前进。

二、中级客服岗位能力模型

中级客服一般是做了一段时间的客服，除了具备基础的客户服务知识和技能，通常还能较好地发掘自身潜能，将客户服务工作做的更好。在知识和技能方面，具备一定的转化、统筹能力，能较好地利用自身主观能动性分析问题、解决问题。中级客服通常是具备客服 1～3 年的服务经验，有着丰富的一线沟通能力。

中级客服要具备售后问题解决处理能力、团队协作能力、归纳总结能力、推动解决能力、问题分析发掘能力。中级客服岗位能力模型如图 5-3 所示。

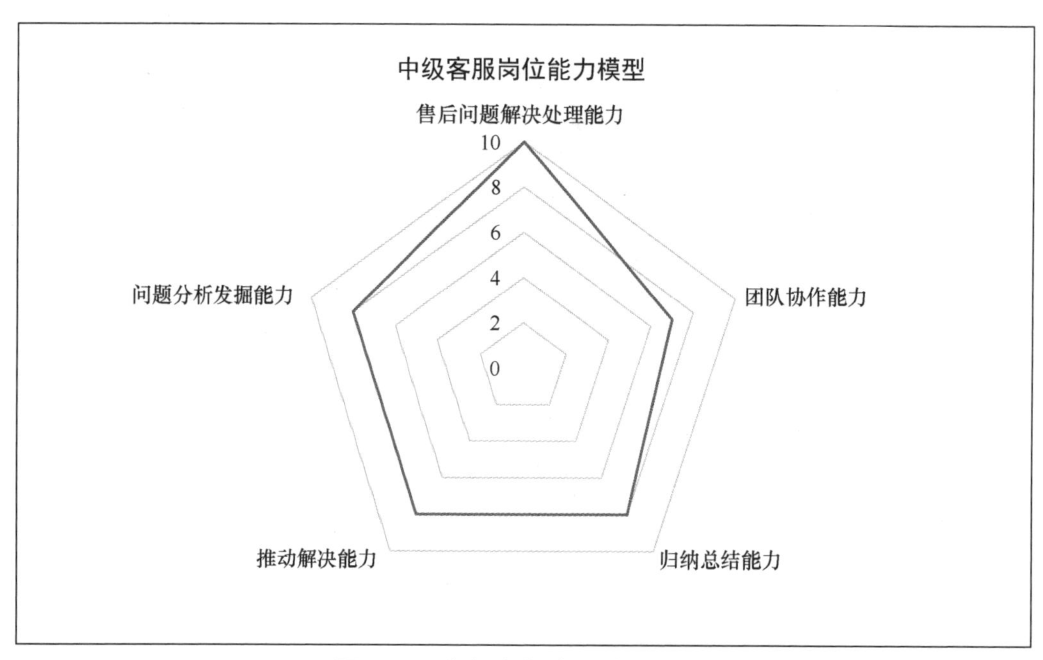

图 5-3　中级客服岗位能力模型

同样，中级客服并不会永远是中级客服，学习能力强的中级客服，可以通过培训、实践自学等渠道快速向高级客服迈进。

三、高级客服岗位能力模型

高级客服也可以说是资深客服、金牌客服，通常有着丰富的客户服务

经验，能够独立解决问题，在工作中能举一反三，巧妙化解难题，还具备一定的客服团队管理能力。

高级客服岗位要具备数据分析能力、人员培训指导能力、团队协作能力、组织人员管理能力、问题分析解决能力。高级客服岗位能力模型如图 5-4 所示。

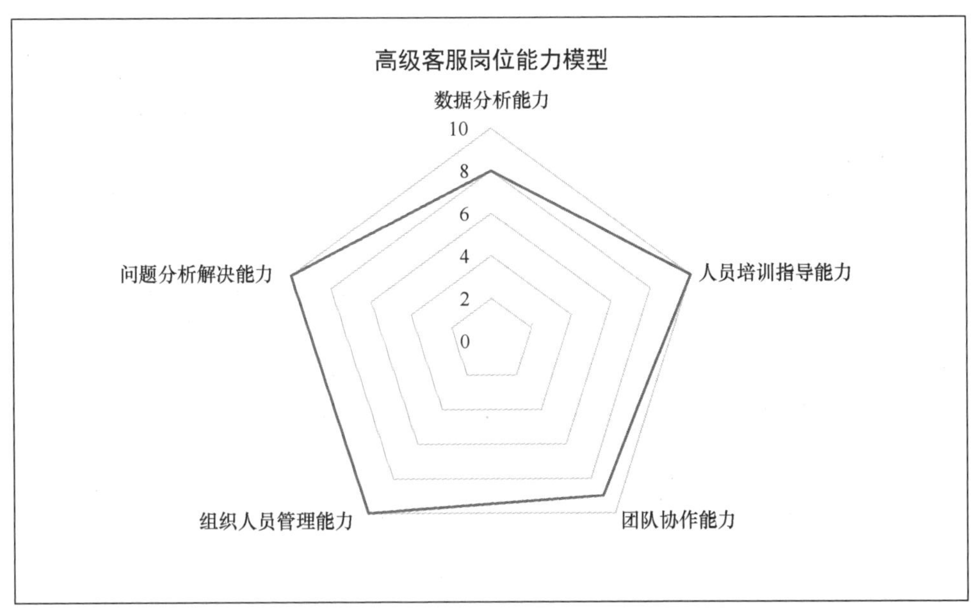

图 5-4　高级客服岗位能力模型

在提升自身能力发面，客服人员要主动参加多样化的通用知识培训，包括沟通表达及逻辑思维、产品知识、行业知识、互联网法律法规、店铺知识、计算机及办公软件操作、数据分析等相关知识培训，还包括客服岗位相关基础知识、产品工具相关知识、工作流程相关知识、工作规范相关知识、服务技巧等培训。客服人员还要善于总结分享，不断提升自我学习能力，提高学习效果。

任务四　探索电商客服岗位的变化趋势

电子商务的市场环境正经历着巨大变化，流量的获取越来越难，商家的获客成本越来越高；客户的需求也越来越多样化，商家需要绞尽脑汁提供让客户满意的产品和服务；工具和平台越来越多，商家面对如此多的运营和推广方向无所适从。变化往往与机遇同在，商家要想不被淘汰，就要在激流中勇进，探索新的技能、方法和思路，尝试从流量思维向超级客户思维转变。另外，各个平台对店铺的考核指标都指向了客户体验，而提升客户体验的核心就是客户服务。

一、电商客服岗位的变革

电商客服岗位正在慢慢适应新的服务环境，逐渐探索一条与店铺运营更匹配的新思路。面对如此多变的电商市场环境，传统客服岗位的服务成效和管理模式所产生的弊病正在凸显，在电商企业传统的客服管理模式中，大多数客服和团队仍将成交额、转化率、客单价等结果化指标作为评判客服工作质量的直接参照。但单一的结果数据并不能让管理者清晰了解客服在每个节点的实际操作执行情况及造成结果数据背后的真实原因，从而很难给客服人员及团队带来提升和突破。

部分企业开始从过程出发，寻找问题背后的根本原因。企业开始对客服的执行过程投入更高的关注度，摒除单一的“结果化指标”思维，更关注“过程化指标”，即关注客服服务动作的实际执行情况，从而完成从发现问题到解决问题的管理模式升级，利用客服的反馈沟通优化产品和店铺运营。让客服从追求结果向为结果服务转变，这些转变都是围绕提升客户体验展开的，也正是客户需要的。目前看来，这无疑是电商客服岗位走向更高级、更有效、切实发挥主要作用的正确方向。电商客服岗位变化趋势如图 5-5 所示。

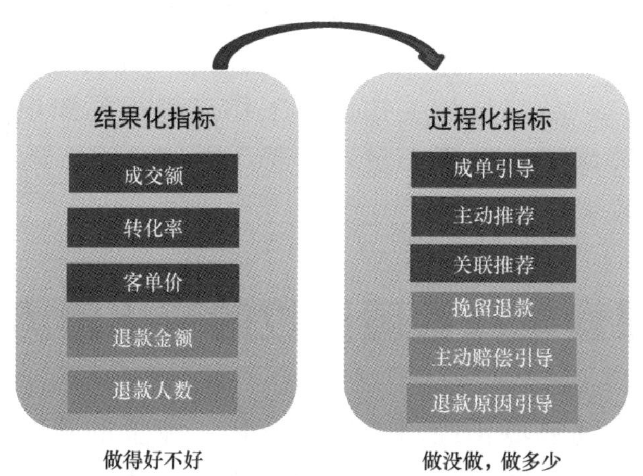

图 5-5 电商客服岗位变化趋势

这种由结果向过程的转变，让客服的工作不再是单一的服务工作，更多的承担了高级客户经理的角色，无疑会很好地提高客户体验和优化销售结果，进而为企业提高效益。电商客服岗位的未来发展趋势，就是要为客户提供极致的用户体验，在这个大前提下，电商客服需要做到销售服务一体化。首先是服务的销售化，客服团队需要从之前的成本中心转向利润中心，需要更好地去理解客户的需求，从而更好地满足客户的需求，提升导购能力。其次是营销的服务化，营销不再是比较直接的、冰冷的营销，应该将营销更加服务化，通过更好的客户服务，和客户之间建立信任，在这个基础上再做客户的营销。满足客户需求、让客户满意，自然就会有成交。

二、电商客服岗位的新技术、新工具

电子商务的规模性和多元化发展，使得电子商务的运营手段和工具也在更新和变化，传统的运营工具和手段往往在效率和质量方面无法满足现代企业和用户的需求，于是，电商运营也迎来了技术革新的时代。从电商客服岗位的角度看，传统的人工客服已经无法满足企业和客户高效率的需求，技术的使用和革新，让客服岗位也迎来了新的变化。目前，电商客服领域最值得关注的技术就是 AI（Artificial Intelligence，人工智能）技术和大数据技术，最典型的场景是智能客服机器人的应用。

1. AI 技术在电商客服系统中的应用

人工智能，是一门融合了计算机科学、统计学、脑神经学和社会科学的前沿综合性学科。它的目标是希望计算机拥有像人一样的智力，可以替代人类实现识别、认知、分类和决策等多种功能。AI 技术在客服领域的应用就是智能客服的使用，智能客服涉及的关键技术包括自然语言处理（涵盖了机器对自然语言的理解和输出，是推动智能客服实现“拟人化”的重要驱动力）、结构化知识库（通过对文字信息进行认知和抓取，并通过知识加工，构建结构化行业知识图谱）、智能语音技术（涵盖声纹识别和语音合成，支撑着文本与语音之间的相互转换）、深度学习（获取用户意图，识别用户情绪，做出相应回复，并通过判断人工客服跳转节点，实现人机协同）及 AI 大模型（可以降低训练成本，提升智能客服精准度，加快产品交付速度，增强智能客服泛化能力）。这些技术的应用使得智能客服能够更好地理解客户的需求并提供准确的解决方案。

AI 大模型已经成为客户服务领域的新兴力量，AI 大模型利用深度学习和自然语言处理技术，能够提供智能化的客户服务，理解和回复复杂的用户问题，甚至进行自主决策。在客服中心引入AI大模型，不仅可以提高客户服务的智能化水平，还能大幅提升客服中心的效率。AI大模型能够实现快速响应和及时互动，不管是语音、文字还是其他形式的交流。同时，AI 大模型可以通过数据分析和自主学习，不断优化自身的服务能力和效率，进一步提升客户服务的质量。

AI技术在智能客服的开发中起着重要的作用，可以减少人工成本，提升工作效率，规范问题的答案，不会存在因人而异的回答，而导致管理混乱。AI技术在智能客服中的应用体现在以下5个方面。第一，自动回复。AI可以通过机器学习和自然语言处理技术，理解客户的问题并提供及时的回复，这不仅可以提高效率，还可以减少人工客服的压力。第二，智能推荐。AI可以根据客户的购买历史和浏览行为，推荐他们可能感兴趣的产品，这可以提高销售额，并提高客户满意度。第三，语音识别。AI可以通过语音识别技术，理解客户的语音指令，并提供相应的服务，这可以提供更人性化的客户体验。第四，情感分析。AI可以通过分析客户的语言和行为，理解他们的情绪，这可以帮助客服更好地满足客户的需求，提高他们的满意度。第五，全天候服务。AI客服可以全天候提供服务，无需人工干预，这可以提高客户满意度，并减少企业的运营成本。

2. 大数据技术在电商客服系统中的应用

大数据是指无法在一定时间范围内用常规软件工具进行捕捉、管理和处理的数据集合，它是海量、多样化的信息资产。大数据的战略意义不在于掌握庞大的数据信息，而在于对这些含有意义的数据进行专业化处理。

将大数据技术应用于客服行业，可以达到“不问而知”的效果。大数据时代下的智能客服模式将大数据技术用于客服，利用大数据技术获取与客户相关的数据，让数据成为竞争优势。该模式基于大量历史数据分析客户的需求和反馈、消费习惯，使得客服化被动为主动。大数据技术带来了越来越优质的客服系统，客服系统反过来带给客户优质的服务。大数据技术的应用也迎合了客户的需求，以往客服在推荐商品时，大多是一种“撒网捞鱼”的思想，没有目标性，这种行为无疑容易引起客户的不满，给企业形象带来不好的影响。大数据技术通过对数据的筛选、分析、整理，可以将数据转化为对企业有价值的信息，而分析数据可以反映客户的消费习惯，从而精准分析客户的需求，进一步优化服务平台，给客户推荐更合适的产品。

大数据技术和 AI 技术并不是相互独立的，它们可以协同应用，提高客服服务的效率和质量。客户的问题和需求可以通过 AI 机器人进行解答和处理，从而提高服务效率。同时，AI 机器人还可以通过大数据技术获取客户的信息和反馈，从而对服务过程进行优化和改进，提高服务质量。此外，大数据技术和 AI 技术还可以实现客户关系管理，通过数据分析和机器学习技术，帮助企业建立客户档案，对客户进行分类和管理，提高客户满意度和忠诚度。

技术的发展必将服务于社会，随着大数据和人工智能技术的不断发展，客服朝着智能化、信息化的方向发展是必然趋势。通过大数据技术深入了解客户的偏好及消费习惯，从而实现精准服务、精准推荐，这样可以大大提高用户购物体验。同时，企业应重视科学技术的发展，搭建信息共享平台，为客户提供优质的服务，保证客户数据安全。

3. 智能客服机器人的应用

AI 技术和大数据技术在客服领域结合使用的产品就是智能客服机器人，即 AI 智能客服。智能客服机器人集成了机器学习、大数据、自然语言处理、语义分析和理解等多项人工智能技术，其主要功能是自动回复客户的询问，识别客户发送的文字、图片和语音，并回复简单的语音命令。智能客服机器人可以有效降低人力成本，提升服务质量，优化用户体验，其全天候的服务能最大程度留住夜间流量，同时也可以代替人工客服回复重复性的问题，提高客服工作效率。

根据功能的不同，智能客服产品可以分为语音客服、在线客服、数字人客服、智能质检和辅助机器人。语音客服利用最先进的语音识别技术，通过电话提供交互式解决问题服务，能够高效地解决客户的问题；在线客服通过网页聊天、即时通信工具或社交媒体等在线平台，以文字形式提供客户服务，能够快速地解决客户的问题；数字人客服是基于 AI 技术创建的虚拟人物，具备自然语言处理能力和人机交互能力，可以模拟人类对话并提供客户服务，使客户能够获得高效、便捷的服务；智能质检是对客户服务质量进行监督和评估，以确保客服人员能够提供高质量的服务，并提升客户满意度；辅助机器人能够提供精准客户画像信息，能够完成推荐话术、导航业务流程和实时质检的操作，能够协助高效完成问答，其实现了智能化的新办公模式。语音客服和在线客服是最基础的智能客服产品，数字人客服是数字化客服的创新性产品，而智能质检和辅助机器人则是对客服服务质量进行专业提升的产品。这些智能客服产品共同推动着客服向数字化、智能化转型，提升了效率、用户体验和服务质量。

智能客服机器人的使用已经遍布于各行各业，且处于快速发展时期。图 5-6 所示为中国智能客服的市场规模发展和预测情况。

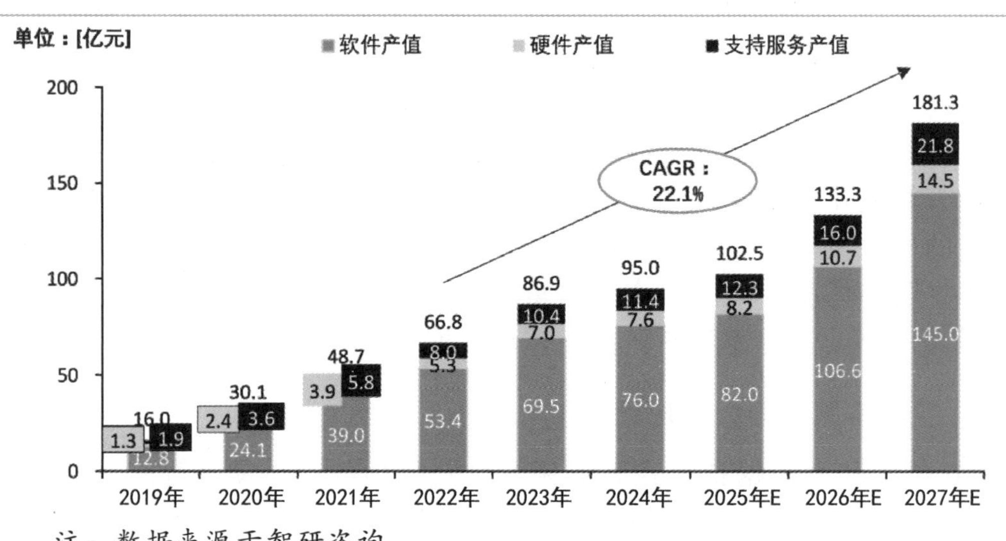

图 5-6　中国智能客服的市场规模发展和预测情况

目前，电商领域对智能客服机器人的应用非常广泛，淘宝、天猫、京东、美团等平台都在使用智能客服机器人。以下重点介绍店小蜜机器人、淘宝官方机器人和京小智机器人。

（1）店小蜜机器人。阿里店小蜜机器人是阿里官方推出的智能店铺接待机器人，它依托淘宝和天猫的海量消费数据，能够为商家提供买家咨询全流程解决方案，帮助商家提升咨询接待效率，提升商品转化率，同时能够协助主管管理店铺业务，实现产出最大化。对于淘系商家，店小蜜机器人承担了许多重复性的接待工作，大大缓解了客服团队的接待压力，它可以在人工客服离线后自动上线接待客户、留住买家，促成夜间转化；它也可以在人工客服繁忙时，前置于人工客服，率先接待买家，如果其解决不了客户的问题，可以无缝转接人工，保证了 100%响应率，降低了服务响应时长，提升了服务效能。

阿里店小蜜的开通和使用较简单，首先需要打开 PC 端的千牛工作台，在搜索框中输入店小蜜，此时搜索框下就会出现“阿里店小蜜”的搜索结果，单击进去就是店小蜜主页面，如图 5-7 所示。

图 5-7　阿里店小蜜开通示例

初次使用店小蜜时，在进入店小蜜后台后会自动进入初始设置和高频问题答案配置模板，商家根据店铺实际运营计划依次填入即可，如图 5-8 所示。

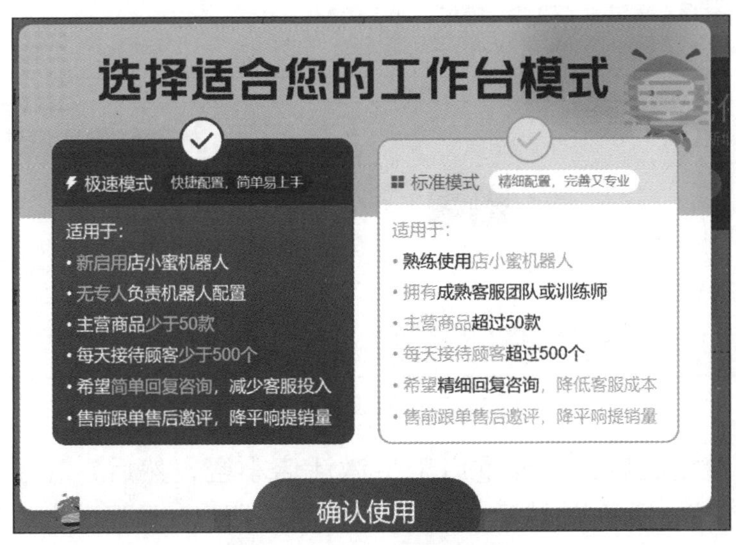

图 5-8　店小蜜设置示例

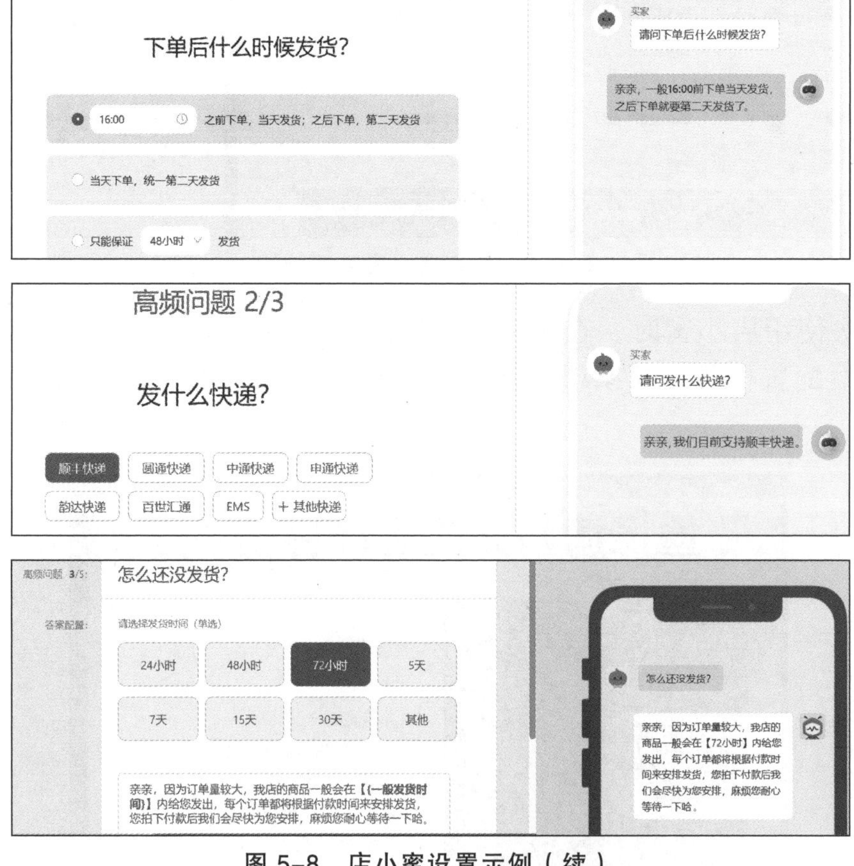

图 5-8　店小蜜设置示例（续）

初始设置完成后，需要重启千牛激活店小蜜，然后，在千牛搜索框中输入“店小蜜”，页面跳转后，单击“召唤客服”，即可进入在线咨询，开启店小蜜的接待模式了。店小蜜首页如图 5-9 所示。

图 5-9 店小蜜首页

店小蜜有全自动接待和智能辅助接待两种模式。在全自动接待模式下，机器人将自动接待所有买家咨询，尤其适合夜间无人或大促流量激增的时候开启，确保买家咨询能被及时回复。在智能辅助接待模式下，机器人将辅助客服接待，在客服接待过程中提供话术推荐，并自动回复客服尚未接起的买家咨询，适合在日常接待时使用，提升平均响应时间及客服接待效率。店小蜜接待模式如图 5-10 所示。

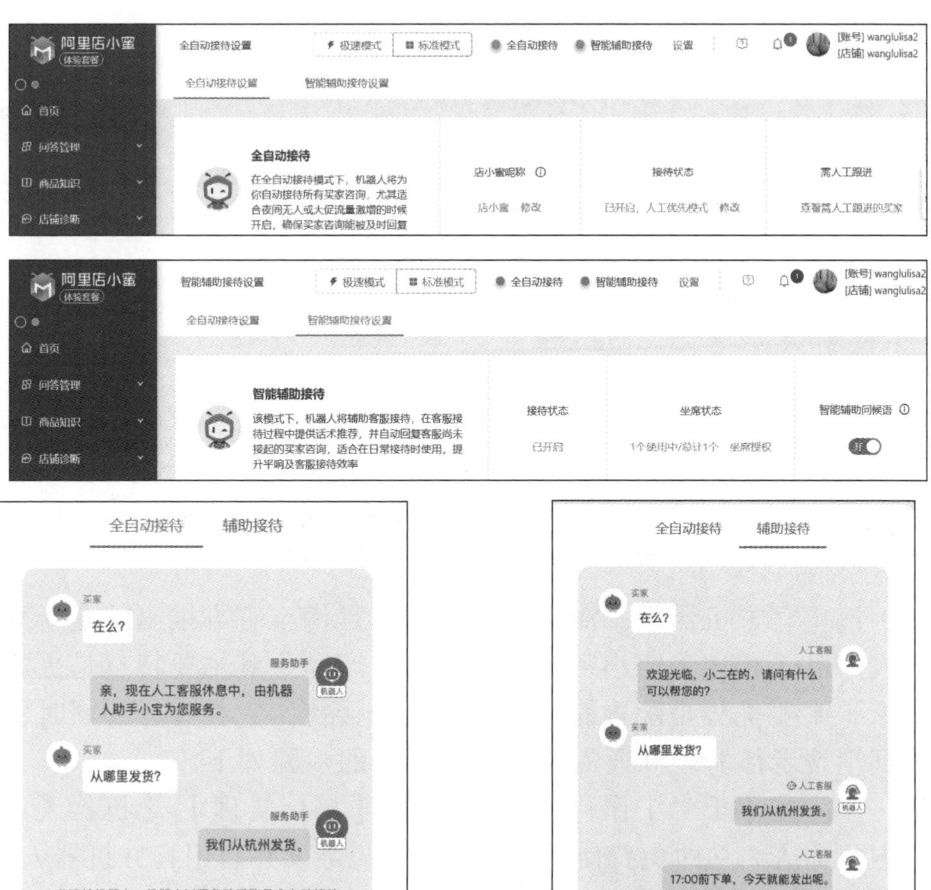

图 5-10 店小蜜接待模式

全自动接待暂时只支持开启和关闭状态，不支持设置固定开启时间；智能辅助接待仅在买家没有被全自动接待过时生效，全自动转人工情况和直连人工情况不生效。智能辅助接待模式下，需要关闭千牛团队管理中的自动回复。

千牛主账号可以授权子账号店小蜜权限。千牛主账号或者有“超级管理员”权限的子账号，在【千牛工作台】-【店铺】-【子账号管理】中，找到需要被授权的子账号，单击“修改权限”选项，搜索“设置机器人”后点勾选“授权”按钮保存即可，如图 5-11 所示。

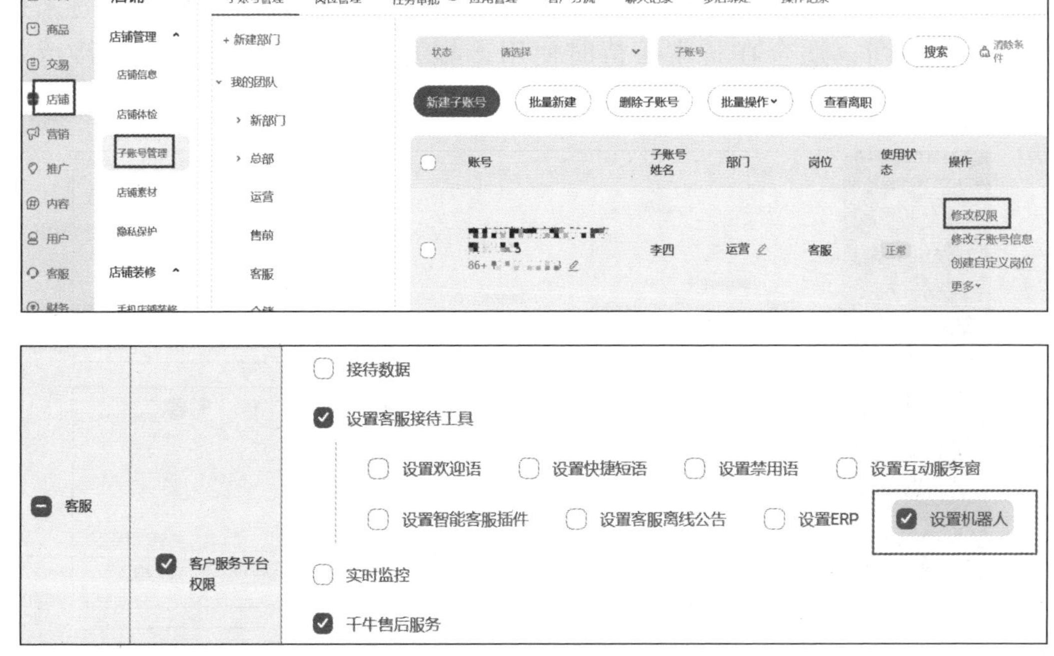

图 5-11　店小蜜子账号授权示例

（2）淘宝官方机器人。淘宝官方机器人是淘宝官方推出的全新商家客服机器人产品，相比于店小蜜等其他机器人产品，其主要特点是更适用于中小商家，主要优势是配置简单、辅助人工接待，它在省心的同时，也不会影响到消费者体验。开通淘宝官方机器人的步骤如下。

第一步：在【千牛工作台】-【客服】-【接待管理】-【机器人】中，单击官方机器人“立即免费使用”按钮，勾选协议并启用官方机器人即可，如图 5-12 所示。若之前有开通使用过店小蜜或其他服务商的机器人，则会看到机器人的设置页面。

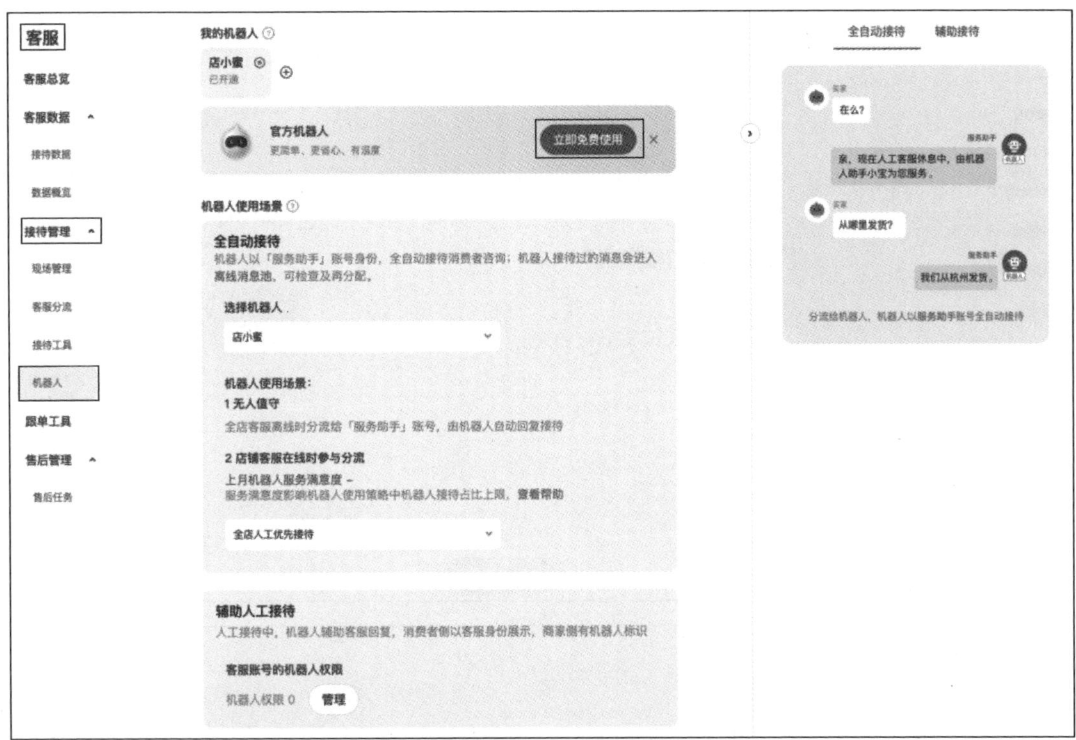

图 5-12　淘宝官方机器人开通示例

第二步：设置高频问题的答案，主要是发货时间、发货快递和发货地。设置完成后，可自动应对买家的这三个高频问题。如果还没有主营类目的话，需要选择一下具体的类目，以便后续官方机器人推荐适合类目的商品知识问答，如图 5-13 所示。

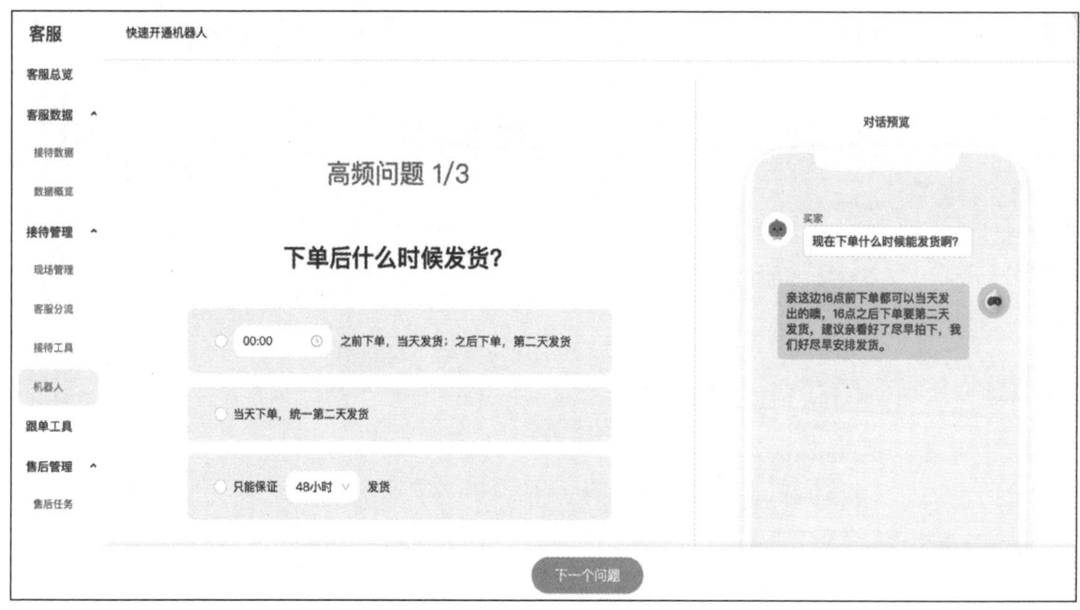

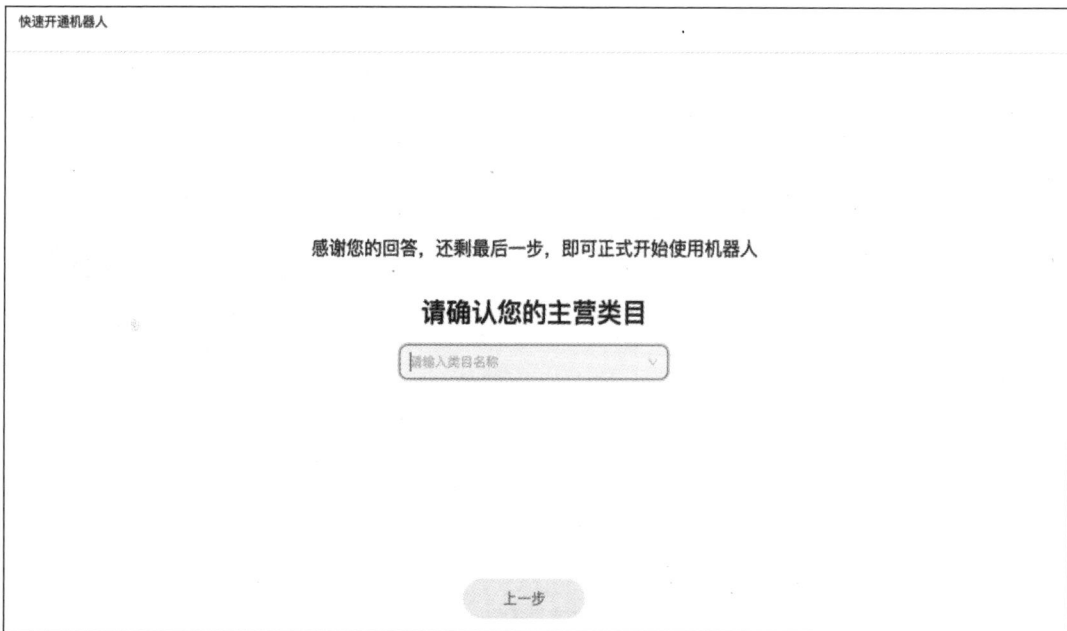

图 5-13　淘宝官方机器人高频问题答案设置示例

第三步：接待设置。当完成上述步骤后，官方机器人已经成功开通，此时会默认开启“无人值守+人工辅助”的模式，全店人工客服离线时，由全自动机器人（服务助手）自动回复，可在离线留言池中查看；人工客服在线时，由机器人辅助自动回复。如果想要修改接待设置，可以单击页面顶部的“接待设置”标签，可设置全自动接待或是辅助接待。全自动接待，

可开启或关闭全自动的“无人值守”模式，或切换其他机器人；辅助接待可设置有辅助权限的账号，有辅助权限的账号可在千牛客户端上自由开启或关闭辅助应答，如图 5-14 所示。

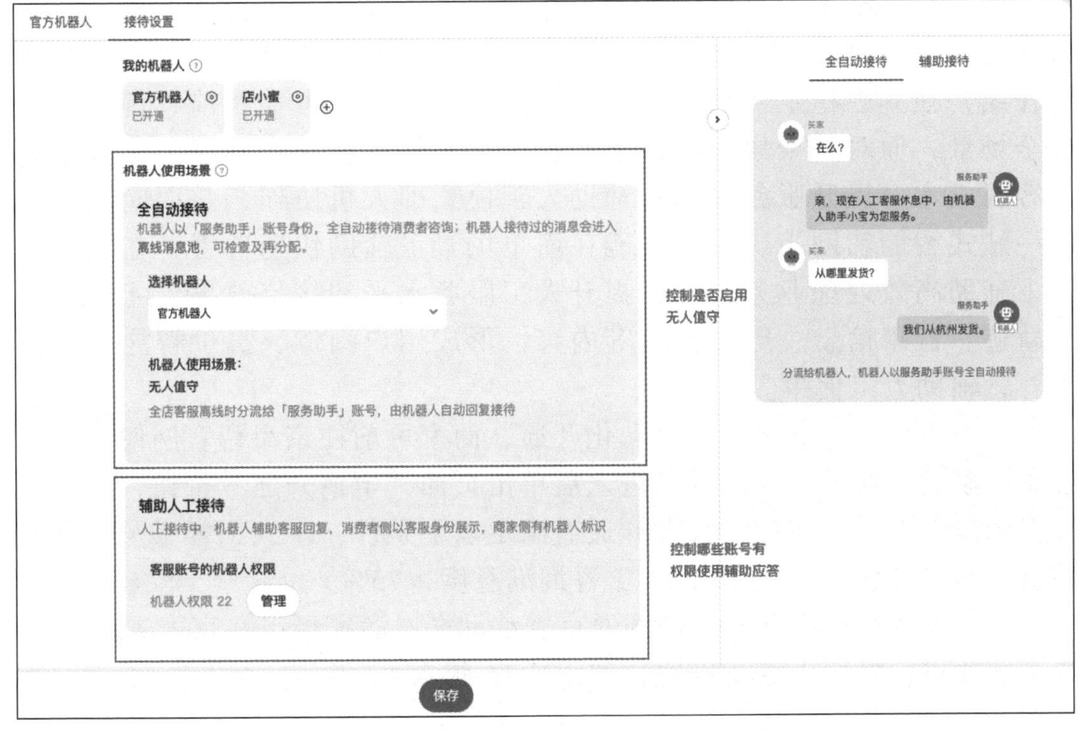

图 5-14　淘宝官方机器人接待设置示例

第四步：关闭机器人。如果需要彻底停用机器人，只需在全自动接待中选择“不使用机器人”选项，并在辅助接待中将所有账号删除即可。

（3）京小智机器人。京小智机器人是京东官方自研的智能客服与营销平台，可为商家提供集智能客服、智能营销、智能跟单、智能质检、智能分析决策为一体的解决方案。目前，京小智机器人核心功能包括人机协同接待，即机器人模拟真人客服及导购，独立或辅助人工进行服务接待和营销导购；高频场景自动应答，即对活动、物流、服务单、尺码等 8 大高频咨询场景进行自动化、智能化回复；智能推荐，即根据用户咨询情况，智能推荐商品、优惠、卖点，提升询单转化率；智能质检，即对客服会话进行 100%自动质检；咨询洞察，即智能化数据引擎，可进行店铺诊断与行业洞察，辅助商家高效决策。

以实际应用场景看来，京小智机器人可以在用户咨询前进行客户购买意愿预测、高潜用户挖掘与主动营销，在用户咨询中进行售前解答、场景化商品推荐、营销卖点生成，在用户咨询后进行智能跟单、客户服务等，将传统的仅提供应答服务的智能客服创新拓展升级为具备导购意识和导购能力，且媲美人工金牌客服的智能导购员。

京小智机器人有机器优先模式和辅助人工模式。机器优先模式即真云端官方智能机器人，也是京东平台唯一官方客服机器人，可实现全天候在线，独立、稳定、精准、高效解决用户问题，覆盖售前、售中、售后全场景，面对复杂场景时轻松配置即可实现精细化应答服务，节省人工客服成本，提升服务水平；辅助人工模式即人机协作，是面向消费者的一站式智能辅助接待工具，能在简单场景下辅助快速应答，在复杂场景下辅助高效处理业务，全面提升人工服务水平和接待效率，能结合用户轨迹、订单信息、历史会话等内容，形成用户画像，提供智能化商品推荐，辅助人工促单。

京小智机器人支持线上自动化开通，商家可前往京小智官网使用咚咚客服管家的主账号登录，登录进入后单击页面“申请开通”按钮，按照页面提示操作即可。注意，线上开通需满足以下条件：①人工客服及咚咚客服管家同时开启；②近 30 天人工咨询满意度≥75%。

目前，京小智机器人已经开通京麦移动端，商家可以在京麦 App 开通京小智并进行机器人接待设置，如图 5-15 所示。

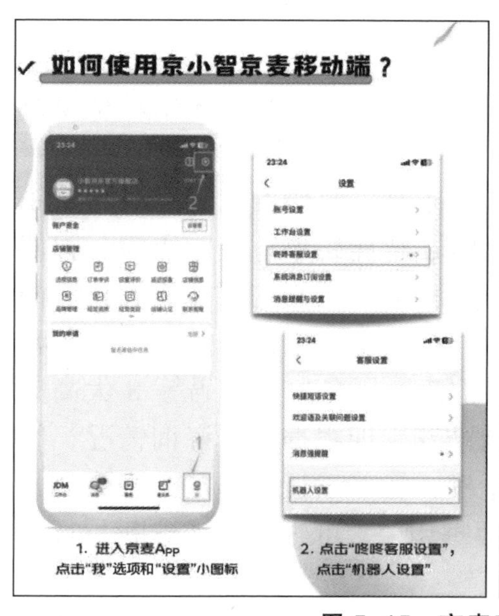

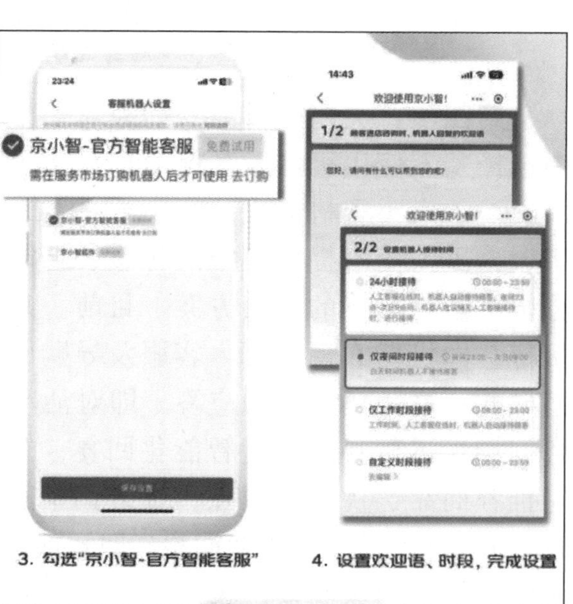

图 5-15　京麦移动端开通京小智示例

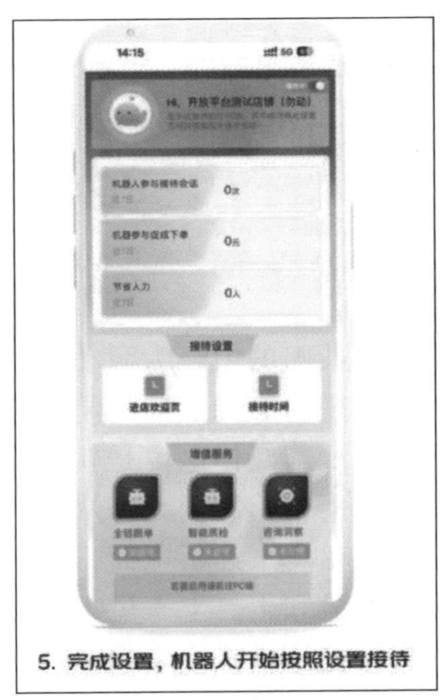

5. 完成设置，机器人开始按照设置接待

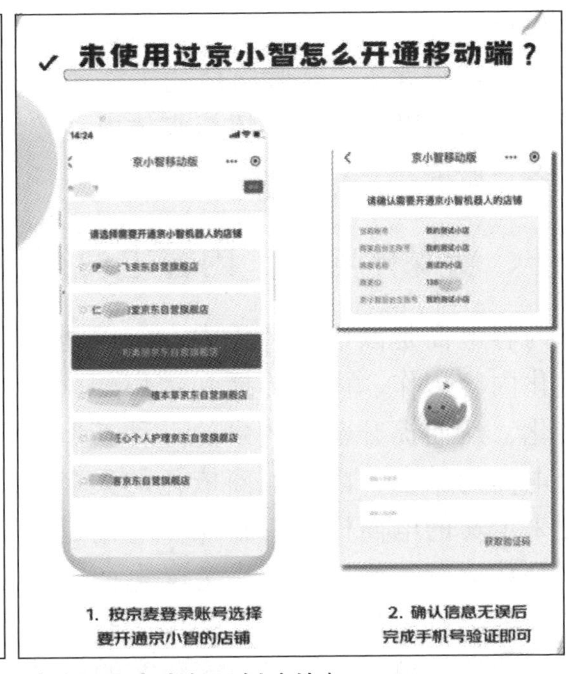

1. 按京麦登录账号选择要开通京小智的店铺

2. 确认信息无误后完成手机号验证即可

图 5-15　京麦移动端开通京小智示例（续）

以上介绍的都是电商平台官方自研的智能客服机器人，市场上还有很多第三方客服机器人，不管是平台官方的智能客服机器人还是第三方的智能客服机器人，它们都在不断地发展和更新，朝着更智能的方向发展。它们协助人工客服进行初步筛查和解答常见问题，为人工客服提供更多支持和辅助，以实现更高效、更优质的客户服务。

虽然智能机器人在客服领域有着独特的优势，但人工客服的无法替代性也不容忽视。面对某些复杂问题、情感化沟通及涉及隐私的问题，人工客服更具优势。因此，智能机器人与人工客服的结合是未来的发展方向。作为电商客服岗位从业者，要客观看待智能客服机器人的出现和发展，努力提高自身的业务知识和技能，提高自身解决复杂化、个性化、人性化问题的能力，科学利用智能机器人辅助自己的工作，提高自身的服务质量和服务效率。

任务五　了解电商新模式下的客服

随着智能终端和移动互联网的发展及人们消费需求的进一步升级，市场对网购提出了更高的需求，很多新型的网购平台和电商模式相继出现，如新媒体电商、内容电商、直播电商、社区电商等。在这些新兴的电商模式下，客服岗位的工作流程和内容也有了新的变化和要求。以下重点介绍新媒体电商、内容电商和直播电商的客户服务。

微课视频

电商新模式下的客户服务

一、新媒体电商、内容电商客服

内容电商是以消费者为中心，以能触发情感共鸣的内容为源动力，通过优化内容创作、内容传播和销售转化机制来实现内容和商品的同步流通与转化，从而提升营销效果的一种新型电商模式。新媒体电商是新媒体和传统电商的结合，内容电商依托的大多是新媒体平台，它们只是从不同的角度来定义的电商模式，新媒体电商是从平台的角度来评析电商，内容电商则是从运营策略的角度来定义电商。从运营手段和工具上来讲，新媒体电商和内容电商是一样的，都属于打造内容式的电商模式，它们都需要突破传统的流量模式，转向内容获客的模式。

客服属于大运营的范畴，在此，我们将新媒体电商和内容电商统一为内容式电商。当内容式电商已经实现了销售转化时，客服的角色跟传统电商客服的角色是一样的，也是通过售前、售后、客户关系管理实现客户服务。内容式电商与传统电商在内容转化前的客户服务是不同的。

在内容电商环境下，消费者往往是在内容的驱动下主动消费，属于潜在需求被激发的状态，所以，此时的客服最需要的不是销售技能，而是客户关系管理。由于消费者都是被内容吸引才成为客户的，所以，内容电商的客户服务重在客户管理上，主要是吸粉维护和黏粉维护。

1. 吸粉维护

内容式电商是依赖能打动消费者的内容积累粉丝的，这些粉丝就是以后变现的主要目标，因此，维护好这些粉丝就显得尤为重要了。

首先，客服需要对新进粉丝进行维护，让内容有所转化。新进粉丝维护的方法有很多，比如邀请入群，形成自己的私域流量池，要及时记录新进粉丝的信息，包括基础信息、行为信息、账户信息等。随后在社群进行粉丝维护，可以发布知识型内容、讨论话题、发布福利活动等，这样不仅可以活跃粉丝，还可以增加粉丝的黏性。

其次，要注重老粉的维护。除了可以发布讨论话题、发布福利外，还可以通过个性化服务进行老粉维护。单独设立的老粉福利或活动，往往能

提高老粉的信任感和黏性。

最后，要特别关注铁粉。有一些非常活跃的“铁粉”，这些粉丝往往会直接表达出自己的忠诚和信任，有的甚至会在每个内容下都进行留言评论。这些铁粉的变现相对于普通粉丝会更容易，他们有很大可能会成为粉丝中的意见领袖。对于这些粉丝，需要用心维护，记住他们的头像和 ID，在回复评论时戴上称呼，营造出一种朋友之间友好交流的氛围。

吸粉维护时，比较常用的方法就是鼓励粉丝进行内容的转发，让内容流动起来，被更多的人看到，客服要时刻关注粉丝转发的情况，并给予奖励和感谢。

2. 黏粉维护

把粉丝吸引过来的目的是希望后期有销售转化，粉丝黏性越大，后期转化的可能性就越大。客服对于粉丝黏性的维护有很多方法。

第一，转发粉丝评价。粉丝愿意评价说明其很活跃、黏性高，对内容或对该商家感兴趣，如果商家转发了粉丝的评价，对方会觉得受到重视、有参与感，与商家的关系会更近一步。同时一些好的评价可以作为粉丝见证，可以提高其他粉丝的信任度。另外，一些问题型的评价，转发以后，能够让很多人都看到，这样可以降低客服的工作量。

第二，粉丝的评论要及时回复。人都是有感情的，谁都希望得到别人的重视。粉丝给商家评论以后，尤其是一些有问题的评论，他们是想尽快得到商家的答复的，如果是等了几天、十几天再来回复，那对方就没有兴趣了。及时地回复粉丝评论，一方面能够及时地解答用户的疑问，另一方面也能够让用户感受到自己被重视，这样对于提升粉丝信任非常有帮助。

第三，解答粉丝难题。当粉丝有问题时，不管是关于内容的还是关于产品的，甚至是关于行业的，商家都要及时、认真地回复，解决粉丝的疑问。

第四，要用真诚的态度跟粉丝沟通、互动。内容式电商的粉丝都是基于对内容创作者的喜爱或品牌的喜爱，客服就代表了内容创作者和品牌。对粉丝来讲，跟他互动的不是冷冰冰的机器，而是在粉丝内心有着温度的内容创作者，只有真诚的沟通和互动，才能让粉丝感受到情感和信任。客服要像对待老朋友一样，用真诚的态度赢得粉丝的信赖。

第五，定期举行粉丝活动。定期的活动能提高粉丝的参与度，让粉丝活跃起来。活动内容和主题尽量是粉丝感兴趣的，或者直接从粉丝群里征集话题，通过点赞、评论、转发、私信、收藏等方式和粉丝互动，提高粉丝活动参与度，也可以举行粉丝的线下见面会、分享会。

二、直播电商客服

直播电商也可以说是某种形式的内容电商，其客户服务的方法跟内容电商类似，但是直播电商涉及即时性，在客户服务环节，需要注意以下几点。

（1）直播前。客服要对直播预热引导过来的客户进行维护，及时邀请入群，进行开播提醒、福利活动提醒等。同时要及时对客户信息进行记录、保存归档等，方便后续跟进，并注意客户信息保密。对于老客户，也要及时进行开播提醒和福利活动提醒，并鼓励老客户转发直播活动。

（2）直播中。客服要配合主播与客户进行互动答疑，配合主播修改商品价格、上线优惠链接、促进订单转化、解决发货售后等问题。由于直播是即时性的，客服要注意快速响应，快速捕捉到主播需要配合的意图，并及时查看直播中的客户问题，配合主播做出回应。另外，直播间可能会有互动活动，如整点抽奖、互动抽奖、截屏抽奖等，客服也要配合主播或运营进行跟进，让客户第一时间获知互动信息。在整个直播过程中，客服也可以通过文字配合主播进行直播气氛维护。

（3）直播后。及时处理订单信息，特别是对一些特殊订单，要保证订单顺利发出。客服还要对直播后的客户数据进行分析、归纳，总结本次直播的收获和问题，以利于下次改进。

项目小结

本项目梳理和总结了电商客服岗位的重要性，介绍了客服岗位的发展趋势和变化，分析了电商客服岗位能力模型，认识了电商客服岗位的新技术、新工具，展望了电商新模式下的客服岗位，带领大家从新的角度认识了电商客服这个岗位，希望电商客服工作者能从多角度看待客服岗位，这也是电商客服岗位职业发展的突破口。以下为本项目的主要知识点总结。

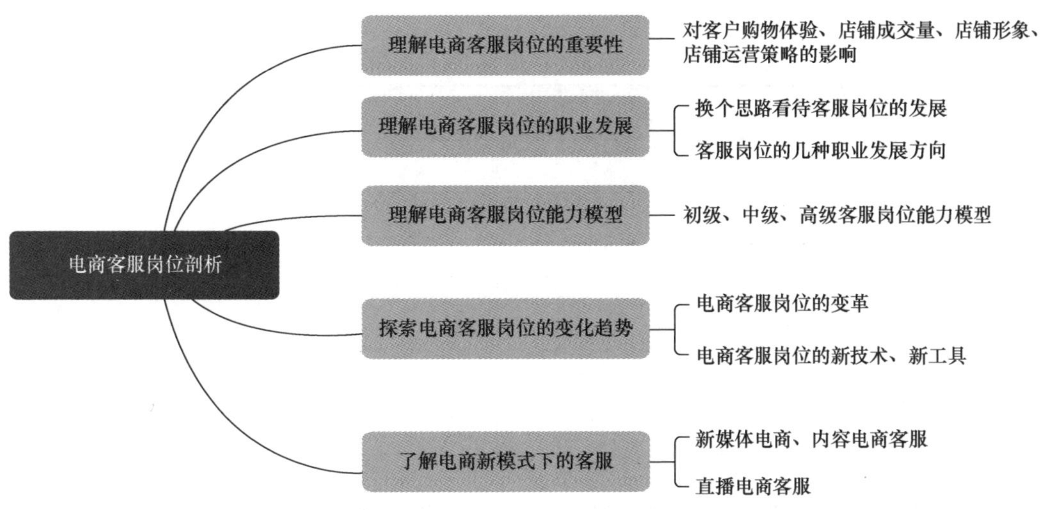

项目实训

为了更好地帮助大家理解和掌握本项目的学习内容，本环节特设置了以下实践训练任务，旨在帮助学习者更好地掌握本项目相关知识和技能。

实训目标

1. 深刻理解电商客服岗位，包括重要性、变化趋势、岗位能力模型等。
2. 认识电商客服岗位的新技术、新工具。

实训要求

1. 能够通过信息分析、归纳、总结电商客服岗位概况。
2. 能够认识电商客服岗位中应用到的新工具。

实训内容

1. 从人力资源市场上调查至少五家电商企业，分析其客服岗位情况，包括公司名称、公司属地、岗位要求、岗位层级、岗位职责、岗位待遇、发展潜力等，填写表 5-1。

表 5-1　电商企业客服岗位情况

调查内容	企业 1	企业 2	企业 3	企业 4	企业 5
公司名称					
公司属地					
岗位要求					
岗位层级					
岗位职责					
岗位待遇					
发展潜力					

2. 登录淘宝、京东或其他平台，体验平台的智能客服服务，并总结其使用感受。

3. 拟定自己的电商客服职业发展规划。

素养小课堂

细节决定成败。
一客失了信，百客不登门。
客随店转，店随客转。
智慧源于勤奋，伟大出于平凡。
人贵有志，学贵有恒。
路漫漫其修远兮，吾将上下而求索。

项目六

电商客服技能提升

学习目标

知识目标

1. 掌握售前销售和售后服务的技巧。
2. 掌握沟通原则。
3. 掌握接待流程优化的要点。
4. 掌握关联销售、催付技巧。
5. 熟悉大促活动准备工作。

技能目标

1. 能用一定的服务技巧提高客户服务水平。
2. 能使用关联销售技巧进行产品推荐。
3. 能优化接待流程、提高接待效率。

素养目标

1. 树立脚踏实地、勤学苦练的劳动观念。
2. 塑造勇往直前、锐意进取的职业理想。

情景导入：阅故事，懂职场

客服小伍的职场腾飞记——第六集：竞赛获奖

为了激励客服团队更好地工作，帮助客服人员缓解工作压力，活跃客服团队的工作氛围，近日，公司客服部举行了一年一度的客户服务职业技能竞赛，获得一等奖的个人或团队可以获得带薪休假或公费旅游的奖励。这是小伍第一次参加公司的这个活动。

比赛分个人组和团队组，小伍带着他的三个小伙伴参加了团队组，他更希望团队一起作战，也想通过这样的参赛形式凝聚他们的团队力量。

比赛的项目都是跟客户服务技能相关的，不区分售前、售后，形式有笔试、抢答、闯关、实战等。

最终，小伍团队获得了一等奖！这让他们团队成员兴奋不已，得知结果的那一刻，他们激动得跳了起来。这次获奖得益于小伍长久以来的付出，他在这几个月的时间里，对团队的成员进行了多次的培训和分享，每个人的服务能力和知识结构都得到了不同层次的提升。他们在一起工作很开心，团队中的每个人也乐于跟着小伍学习。

项目导读

任何岗位的知识和技能都是不断更新和变化的，客服岗位亦是如此，客服人员不能满足于刚入职时基础客服的知识和技能，要有不断学习的意识，不断提升自身的服务能力和技巧，给客户提供更好服务的同时，也能为自己的职业发展奠定基础。项目六主要介绍电商客服售前销售技巧、沟通原则、接待流程优化、关联销售技巧、催付技巧、电商客服售后服务技巧、大促活动准备工作和老客户维护技巧等，以提升客服人员的职业能力。

任务一　掌握电商客服售前销售技巧

由项目二可知，售前客服主要的岗位职责就是接待和销售转化，售前客服不能把自己的岗位简单地理解成接待客户，而是要把自己的角色定位成客户的高级顾问，让客户不但可以享受到热情贴心的服务，还能得到客服人员专业的知识帮助，让客户的购物旅程愉悦，能有比较满意的购物结果。想要有比较好的销售绩效，售前销售技巧可以从以下几方面着手提升。

一、服务态度是基础

服务态度是指客服人员对待客户的态度和行为表现，它是所有客服人员的工作考核标准之一。客户接触到的店铺第一个客服就是售前客服，售前客服的服务态度也就显得尤为重要了，是客户评判服务态度的基础。售前客服的服务态度不但影响客户对店铺的整体评价，也会导致客户对客服团队做出先入为主的评价，售前客服要第一时间用好的服务态度把握住客户。对售前客服人员服务态度的要求主要有以下 5 个方面。

1. 热情是服务态度最基本的要求

热情的服务态度能第一时间留住客户，只有留住客户，才会有后续的服务。不冷不热的服务态度会让人觉得不舒服，如果客服对客户是爱答不理的态度，就算有意向购买的客户，其态度也会严重影响客户的购买意向。让服务态度变得热情，可以多用一些语气词和表情，不要用简单的一个字或两个字回复客户问题，让客户感受到你对他的重视。如图 6-1 所示，两种不同的服务态度，可以产生不同的服务效果。

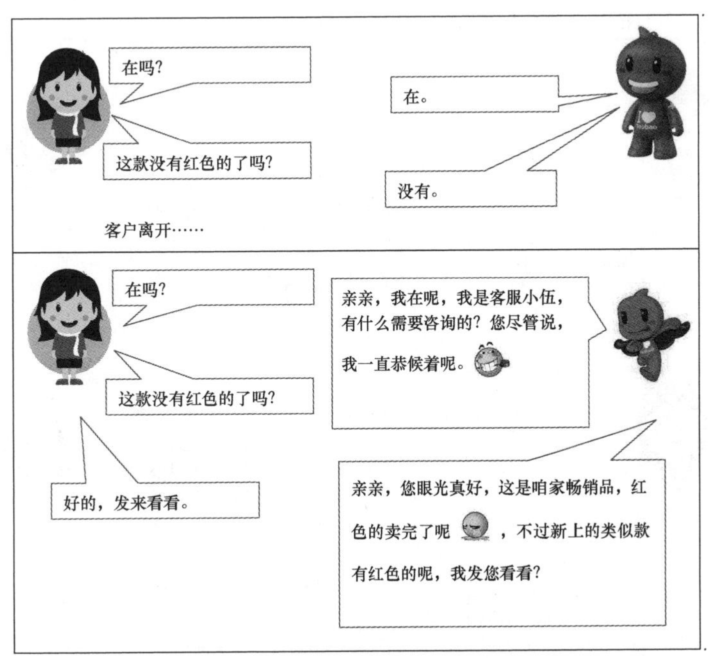

图 6-1　不同的服务态度示例

2. 主动的服务能提高销售效果

主动的服务态度往往是自驱的，而不是等着客户有问题才找到客服。被动的服务往往被客户忽略，不能使客户对客服产生良好的印象，很难有后续的成交，而主动的服务总能让客户记住，并使客户对客服产生良好的印象，为后续的成交打下基础。要做到良好的主动服务，客服要在客户进店时就及时回应客户的咨询；在沟通过程中主动提出建设性的问题或建议；当发现客户有疑问时，主动解决问题，让客户放下顾虑和担忧；当客户有咨询时，要主动反馈给客户结果，不能等着客户追问结果。图 6-2 所示的一些说辞都是客服主动服务的表现。

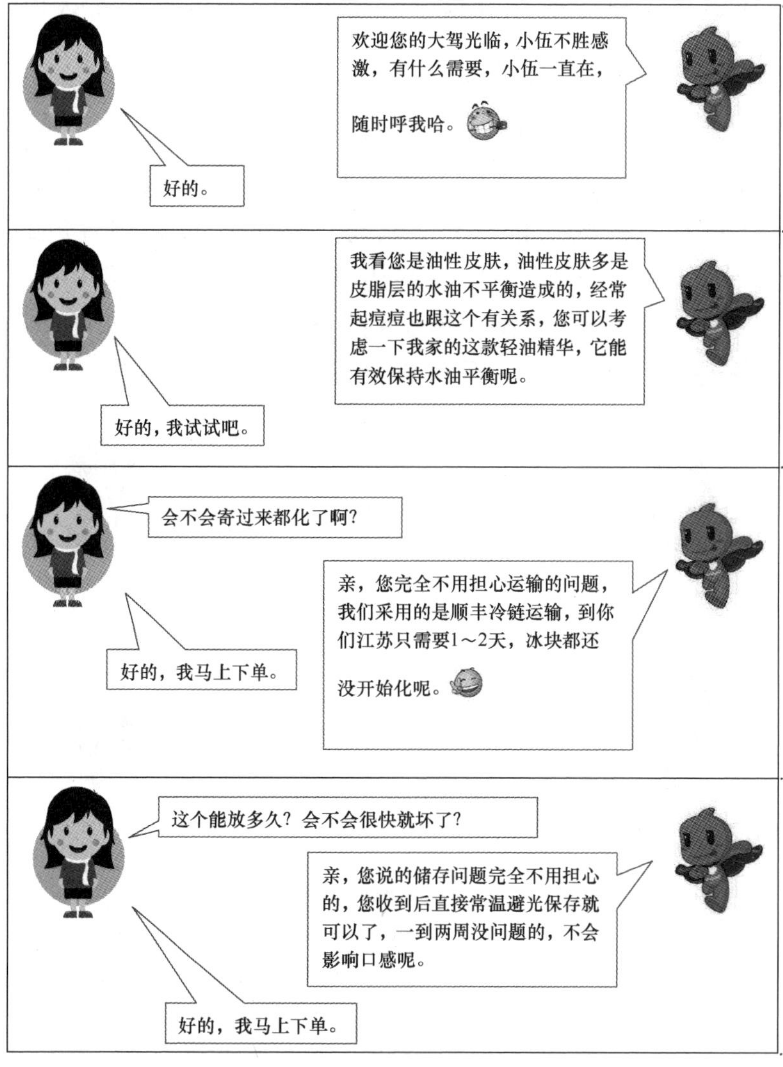

图 6-2　客服主动服务的效果示例

3. 耐心周到让服务有温度

耐心周到的服务总能从客户的需要出发，把服务做到完整、彻底，想客户所想，急客户所急。这样的服务对客户来讲是有温度的，服务一旦有了温度，客户就多了几分心甘情愿买单的意愿。售前客服要学会从客户的角度出发，充分考虑客户的需求，甚至考虑到一些客户容易忽略的问题，让客户感受到客服专业的同时，也能感受到客服是切切实实为他考虑的，这种周到细致的服务会让客户很快建立起对客服的信任和依赖。另外，客服要有足够的耐心，要给客户充分的时间做决定，绝不能因为想快速成交而加快服务进程。

4. 礼貌是必须具备的基本服务态度

如果一个人没有基本的礼貌，就很难赢得别人的尊重，更何况是做服务行业的客服。售前客服需要在客户接待、推荐产品、解决疑问等各个环节做到礼貌沟通。客服在服务客户时可以多使用“您”“非常抱歉”“谢谢”“麻烦”等礼貌用语。

5. 尊重客户体现客服对客户的重视程度

尊重客户的客服会注重客户的每一个需求和感受，满足客户的自尊需求。每个人都需要被尊重，都需要获得别人的认同，对于客户给予的合作机会，客服要心怀感激，并对客户表达出谢意；对于客户的失误甚至过错，则要表示出宽容，而不是责备，并与客户共同研讨补救措施或解决方案。同时，客服要尊重客户的文化、种族、职业和性别，不能区别对待，也不能以客户订单的多少来衡量客户的重要性，要做到一视同仁。

二、专业度是敲门砖

售前客服的工作不仅仅是领客户进店、客户问啥答啥，而是销售顾问或客户经理的角色，作为顾问或经理，是需要有一定的专业知识的，只有专业的客服才能让客户信任和依赖，一旦客户依赖客服，订单就基本确定了。售前客服的专业度主要体现在两个方面：一是基础服务流程和标准，如响应时间、有无遗漏重要信息、是否表述清楚、沟通能力等；二是对平台、对产品、对店铺甚至是对行业的理解和熟知程度。图 6-3 所示为专业度不同的客服服务的示例，可以看出右侧的客服更加专业。

图 6–3　专业度不同的客服服务的示例

售前客服要想在服务时表现得很专业，也可以使用一些技巧，比如转换身份，以顾问的身份迎接客户，如接待时可以说："您好，欢迎光临，我是您的顾问小伍，请问有什么需要帮您？"这样可以给对方一种专业的形象，容易产生信任。但是打铁还得自身硬，客服想取得在客户心目中专业的形象，最主要的还是要在上岗后尽快学习岗位基本流程和操作规范，并不断总结、学习，提升服务效率和沟通水平；同时要认真学习专业知识，包括平台相关知识、产品相关知识、行业相关知识、活动相关知识。客服提升专业度的途径主要有参加公司统一培训、自己总结学习、工作经验积累等。

三、解决客户问题是前提

售前客服的服务阶段其实就是客户决定是否购买的阶段，在这个过程中，很多客户因为有疑虑而放弃购买，售前客服在这个阶段需要展现主动、专业的服务解决客户的疑虑，让客户放下戒备心。只有解决了客户的疑虑，客户才可能购买，如果客户始终处于对产品或店铺有疑问的状态，再好的服务也不能让他买单。所以，当客户有问题时，售前客服首先要做的就是消除客户的疑虑，解决客户的问题。首先，客服要善于沟通、善于提问、帮客户总结、让客户表达出顾虑所在，这样才能有针对性地解决问题。比如，当客户犹豫不决时，可以主动问客户："您是有什么顾虑吗？没关系，您跟小伍说说，看小伍能不能解决。"如果问题解决了，客户还是有些许犹豫，客服可以用信用保障，如七天无理由退换货、专家背书等一些消除疑

虑的证据让客户放心。

关于产品的疑虑，客服可以从产品属性、功能、带给客户的利益点着手，让客户不但全方位地了解产品，还能知晓这个产品能带给他什么好处。

关于价格异议，客服可以重点强调价值，不能反驳客户认为的“贵”，因为贵和便宜都是相对的。当客户觉得贵的时候，客服可以强调产品价值，让客户感觉物有所值。最后，客户如果还不能接受，可以用一些赠品刺激，给客户一个台阶，让赠品成为客户决策的引子。

四、沟通技巧是法宝

售前客服想要更好的销售绩效，除了掌握基本的工作流程和标准外，还要不断提升自己的沟通技巧，让沟通技巧成为沟通的法宝。以下介绍几种客服在销售过程中常见的沟通技巧和方法。

1. 非语言沟通

非语言沟通是指不使用语言文字，运用身体运动、姿势、表情、眼神和触觉等进行沟通。非语言沟通与语言沟通一样，都是人际交往中重要的沟通方式。电商客服常用到的非语言沟通是使用表情符号，以增加沟通的趣味性和互动性，用来表达客服的热情友好态度、尊重和感激之情、理解和关注等情绪，拉近与客户之间的距离。

2. 倾听技巧

在销售沟通技巧中有“三分说，七分听”的说法，电商客服不能一味地输出，要懂得倾听。善于倾听可以更好地了解客户的需求和问题，精准地提供更好的服务和解决方案。倾听的技巧包括积极倾听，不打断客户；从客户角度出发，理解客户；回应客户，尊重客户想法；适当提问，了解客户更多需求和问题；不批评、不评价客户的价值判断，表达友善和尊重的态度；保守客户秘密和隐私，不泄露客户个人信息等。

3. 开放式提问

开放式提问是指提出比较概括、范围较大的问题，对回答的内容限制不严格，给对方充分自由发挥的余地。这种提问经常用于了解客户需求、意见和看法，以获取较多的信息和反馈。例如，您觉得这款怎么样？请问您是什么肤质？想要什么样的效果？您在使用我们产品的过程中遇到了什么问题？您有哪些建议可以帮助我们改进产品或服务呢？

开放式提问的优点是可以让客户自由发挥，充分表达自己的意见和看法，而不是局限在客服预设的问题范围内。但是，这种提问也需要谨慎使用，因为客户可能会感到不自在或不知道如何回答，或者可能会转移话题或花费太多时间。因此，在使用开放式提问时，客服需要给予客户足够的支持和引导，并注意控制对话的方向和进程。

4. 封闭式提问

封闭式提问是指提出比较具体、回答限制较严格的问题，要求回答者做出特定的回答，给出确切的答案，比如“是的”或“不是”。这种提问通常用于收集特定的信息，比如确认客户的身份、核实订单信息等。例如，您收到的商品颜色是红色的吗？您在购买时是否选择了延长保修服务？您是更喜欢第二款是吗？

封闭式提问的优点是限制性强、信息可靠，可以帮助客服快速收集和核实信息，提高沟通效率。但是，这种提问也有缺点，因为它限制了客户的自由度和参与度，容易让客户感到被质问，从而影响沟通效果。因此，在使用封闭式提问时，客服需要谨慎使用，尽可能让客户感到舒适，同时注意保护客户的隐私。

5. FAB 法则

FAB 法则是销售技巧中最常用也是最实用的技巧，用于帮助销售人员有效地进行产品或服务的推销。FAB 代表特征（Features）、优势（Advantages）、利益（Benefits）。特征指的是产品或服务的具体属性和功能，优势是指这些特征相对于竞争对手的优势之处，利益则是指客户通过使用产品或服务可以得到的实际好处或解决的问题。

FAB 法则的目标是通过突出产品或服务的优势和利益，使客户能够更清楚地了解其购买的价值和意义。在销售过程中，销售人员可以使用 FAB 法则来向客户传达产品或服务的特点、优势和利益，从而提升销售效果。

6. CLARE 方法

CLARE 方法是一种沟通技巧，它可以帮助人们在沟通过程中更加清晰、准确地表达自己的思想和意图，同时更好地理解和尊重对方的需求和

观点。它由以下五个步骤组成。

（1）构思（Consider）。在开始沟通之前，仔细考虑你要传达的信息，并理解你的目标受众的需求和背景。

（2）了解（Learn）。确保你对所要沟通的主题有足够的了解。这需要你进行必要的研究和学习，以便在交流中能够提供准确和相关的信息。

（3）表述（Articulate）。清晰地表达你的意思和观点。使用简洁明了的语言，避免使用过于专业化或模糊的术语，以确保信息易于被理解和消化。

（4）评估（Review）。在发出之前，回顾你的信息，确保它在逻辑上连贯、正确无误，并符合你的目标受众的需求。

（5）扩散（Evaluate）。当信息传达后，了解接收者对信息的理解和反应。处理他们的反馈和问题，以进一步改进你的沟通和表达能力。

采用 CLARE 方法可以帮助你更有效地沟通和共享信息，确保你的意图被理解，并促成良好的双方交流。

五、售前业务技巧总结

根据售前客户服务流程和标准，可以总结出以下售前客服的业务技巧。

1. 打招呼的技巧——及时、礼貌、热情大方

在买家咨询的第一时间回复，能抢占先机，获得优先权，因为此时客户可能同时咨询好几家店，进行货比三家，客户比的不仅仅是商品本身，还有店铺形象和客户服务。客服可以第一时间回复："亲，在的呢，正等您呢？很高兴为您服务！"不能单独回复一个字："在"，这样会给客户一种你很忙，没空理他的感觉。

2. 询问的技巧——热心引导、认真倾听

通过认真倾听的方式，收集客户的更多信息，以利于挖掘更精准的客户需求，再热心引导客户，帮助他做决策。当客户在多个商品中犹豫不决时，客服要有目的、有针对性地推荐。如果客户咨询的商品没有了，也不要直接说没有了，这样会打击客户的购买决心，客服可以这样回答："真不好意思，这款卖完了，有刚到的其他类似款，很多人都反馈不错呢，给您看一下吧。"

3. 推荐的技巧——专业建议、精准推荐

客服要用心为客户推荐最合适的商品，而不是最贵的，让客户感受到真诚和专业。

4. 议价的技巧——以退为进、促成交易

当客户反馈嫌贵的时候，不要直接反驳客户，可以以退为进，认可客户的说辞，但要委婉强调商品的价值，强调商品的材质、工艺、包装、售后等优势，引导客户重视价值、忽略价格。在价格不能浮动的情况下，也可以采用小礼品或优惠券来满足客户追求优惠的心理，促成交易。

5. 核实订单技巧——及时与买家确认

买家付款后，客服要及时核实订单信息，在买家下线前，把订单信息发给买家，让买家确认，避免出错，减少后续售后问题。这样做也会留给客户认真负责的印象。

6. 道别的技巧——热情道谢、欢迎再来

无论成交与否，都要表现得热情大方，特别是由于议价没有成交的，要让客户清楚店铺不议价的运营方式。在未成交的情况下，客服也要表现出诚恳热情，这样以后还会有合作机会。在成交的情况下，要对客户表示感谢，比如："感谢您的光顾，宝贝会尽快发出，欢迎再次光临，祝您生活愉快。"

任务二 掌握沟通原则、优化接待流程

售前客服承担着商品销售的任务，所以也需要掌握销售的技巧，尽可能地抓住每一个进店的客户。成熟的客服人员应善于优化接待流程，掌握一些有利于成交的沟通原则。

微课视频

掌握沟通原则、优化接待流程

一、沟通原则

客服提供咨询和销售服务的过程其实是跟客户沟通的过程，有效的沟通能达到客户服务的预期目标，不管是售前客服还是售后客服，掌握一定的沟通原则能让沟通效果事半功倍。沟通原则包括以下几个方面。

1. 不顶撞客户

任何与客户争执、对骂的行为都是被禁止的。客服是服务岗位，不管出现何种情况，都不允许跟客户正面争执。如遇非常蛮横无理的客户，客服要沉着冷静，不能被客户带偏了，可以试着让客户发泄完情绪再回复，比如："亲，您可以先冷静一下嘛，生气对身体不好，您先消消气，听我把方案说完。"如遇自己解决不了的问题，也可以寻求上级帮助，切记不可直接跟客户顶撞。

2. 不直接否定客户

当客户有一些客服满足不了的需求时，客服不要直接否定客户的要求，可以用肯定的方式表达否定的意思，委婉的说辞比较容易让人接受。图 6-4 所示的两种不同的否定方式就给人两种截然不同的感受。

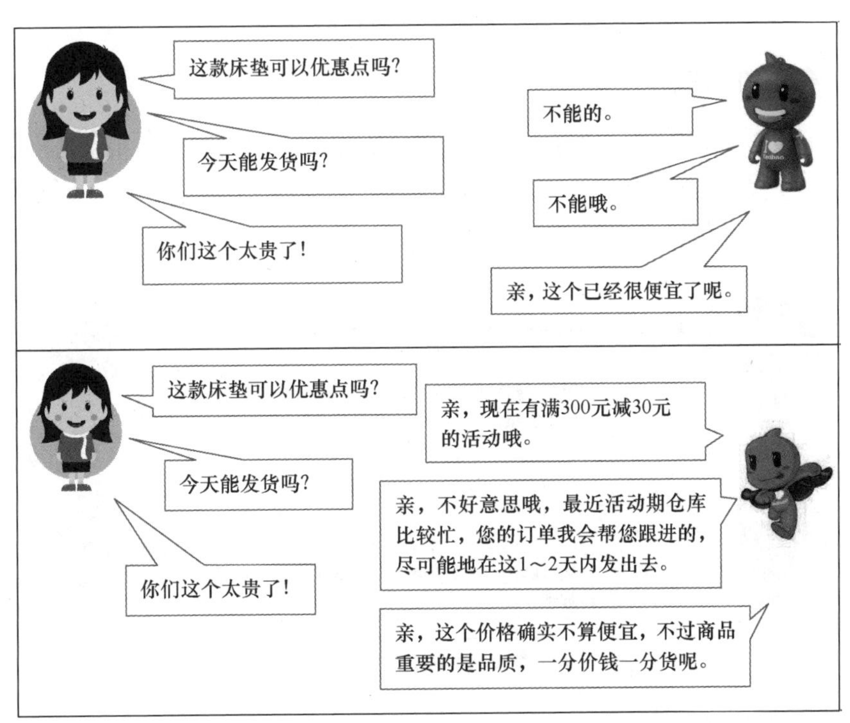

图 6-4 客服不同的否定方式示例

3. 给客户以赞美

人人都希望得到别人的肯定和认可，夸奖和赞美客户能让对方心情愉悦，拉近彼此之间的距离，利于成交。客服可以根据对话语境适时地肯定、赞美对方，缓和聊天氛围的同时也提高了沟通的有效性。比如，客户可以报出自己的身高、体重，需要推荐尺码时，客服可以先说出“亲，您的身材真好”“亲，您的身材真匀称”等赞美的说辞，再推荐尺码。图 6-5 所示为客服赞美客户的示例。

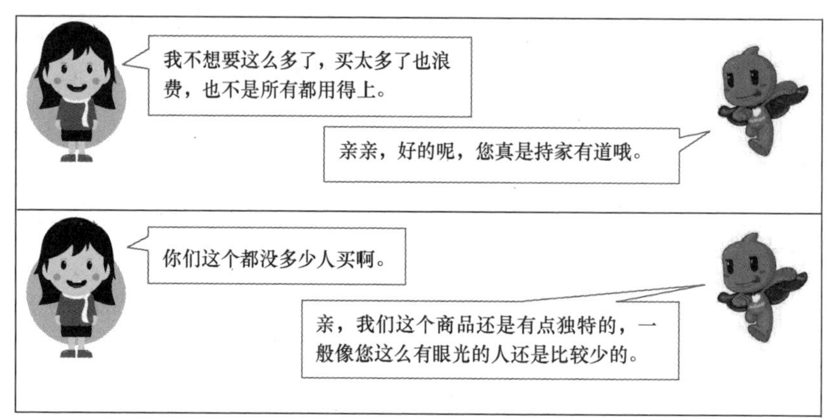

图 6-5　客服赞美客户的示例

4. 有条件的妥协

有条件的妥协也是适当让步，适度满足对方想要优惠的购物心理。当客户提出一些无法满足的需求时，客服可以有条件地妥协，以争取订单。图 6-6 所示为客服有条件的妥协的示例。

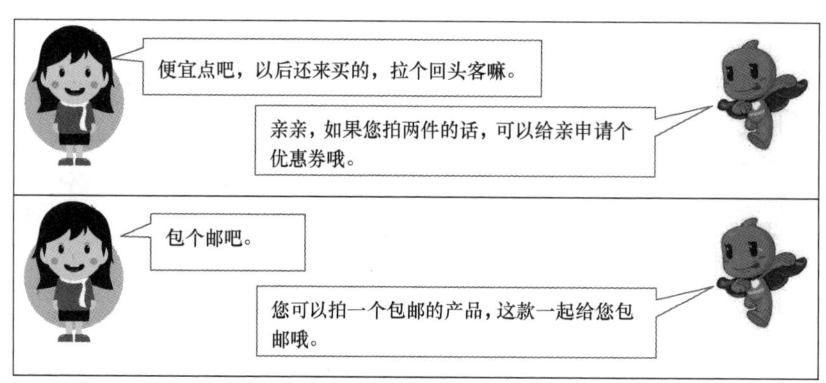

图 6-6　客服有条件的妥协的示例

5. 主动找话题

客服要时刻记住自己的沟通主场位置，当然不是以自己为中心，而是要牢记沟通的目的、方向，想方设法让沟通继续下去。当出现冷场的情况时，只有让沟通继续下去，才有机会挽留客户。当客户不说话时，客服不要立即关闭对话框，而是要等待片刻，主动找话题，让沟通继续下去，这个过程也是持续销售的过程。图 6-7 所示为客服主动找话题的示例。

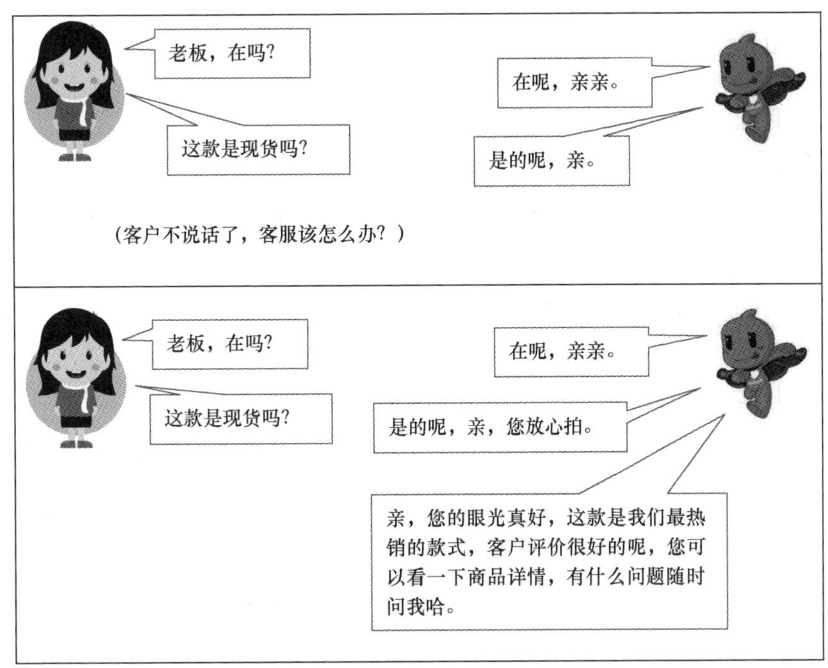

图 6-7　客服主动找话题的示例

6. 引导客户的思路

客服要始终在沟通的主战场，不能被客户带着走，而是要引导客户跟着客服走，特别是客户需要客服专业的引导时，客服可以通过提问了解客户的真实需求，引导客户选择最适合他的产品。图 6-8 所示为客服引导客户的示例。

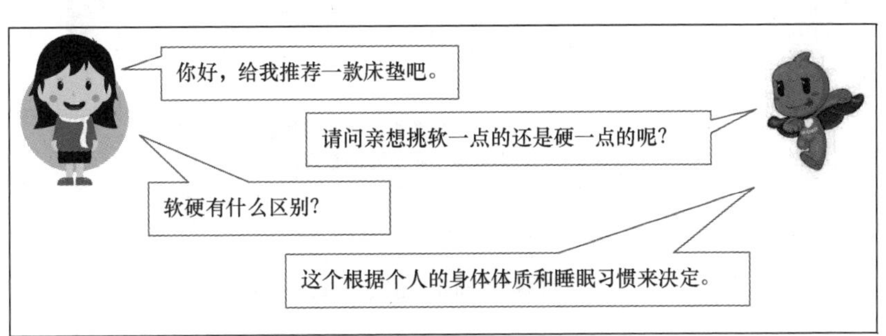

图 6-8　客服引导客户的示例

此外，客服要多用语气词，使语气柔和，以缓和沟通氛围，比如“哦”“呢”“啊”“哈”等；要习惯礼貌用语，比如，“请”“麻烦您”等，让客户感受到礼貌和亲切。还要注意，客服不要主动关闭对话框，聊天框里最后一个回复的永远是客服，客服要坚持服务到最后的原则。

二、接待流程优化

接待流程优化首先要进行接待流程的梳理，根据售前客服工作流程可总结出接待流程包括进门问好、接待咨询、推荐产品、处理异议、促成交易、确认订单、礼貌告别、下单发货等。进行接待流程优化的目的是帮助客服在接待的每一个环节都做到位，提高询单转化率。

1. 进门问好

进门问好是客服的首次回应，即“**迎**”，也是给客户的第一印象，非常重要，迎客的失败直接影响后续沟通和服务的效果。迎好客就意味着交易成功了一半。电商客服迎接是隔着屏幕的，客服首先要用热情的迎接来打破双方之间的隔阂。迎客时不宜用很长的快捷语、不建议带链接，要尽可能地做到快速、热情、礼貌、简洁。图 6-9 所示的两种不同的迎客方式，其效果截然不同。

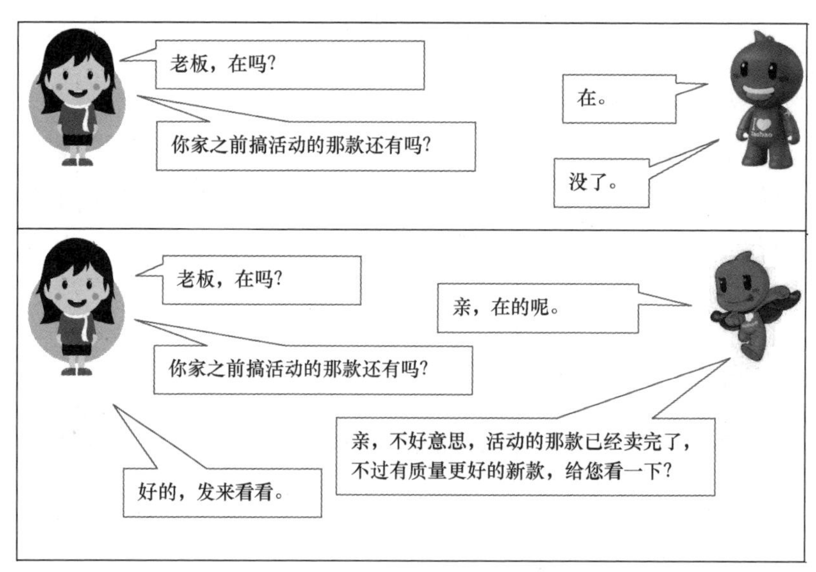

图 6-9　两种不同的迎客方式的示例

另外，进门问好迎客时应注意以下事项。

（1）把握黄金 6 秒，及时回复给客户留下好印象。

（2）加语气词，用词简单生硬影响客户体验。

（3）把握机会，一切都为了让客户留得更久。

（4）注意网络交易的特殊性，体现专业形象。

（5）要有亲和力，建议搭配合适的表情。

2. 接待咨询

接待咨询时客户可能会问很多问题，客服要梳理出这些问题，方便在需要时快速做出回应。这个过程也是“**察**”的过程，即观察客户，通过观察客户，进行精准的需求推荐。通过客户的基本信息、交易信息、客户心理等观察客户的需求。客服在跟客户沟通的整个过程中都要从各方面关注客户传递的信息，判断客户的需求。淘宝客户可以通过旺旺面板了解客户的信息，如会员标签、注册时间、信誉、地区等信息。表 6-1 所示为根据淘宝客户旺旺面板了解到的客户信息和应对措施。

表 6-1　根据淘宝客户旺旺面板了解到的客户信息和应对措施

注册时间	信誉	客户特点	应对措施
久	低	缺乏安全感，价格敏感	应增加信任度，推荐实惠、优惠的产品
短	低	新用户，平台操作不熟悉，价格因素影响低	应重点讲产品，多做引导
久	高	成熟的买家，熟悉规则、喜欢比价、相对理性	应谨言慎行，实事求是，避免售后
短	高	代购型、近期买的多，冲动购物型	应说清楚产品注意事项，提前售后

观察客户还要了解客户的潜台词，有时客户说出来的不一定是他内心的真实想法，客服要理解客户的说辞，明白其潜台词。表 6-2 所示为一些客户的说辞和潜台词。

表 6-2　一些客户的说辞和潜台词

客户说出来的	潜台词
我再看一下有什么可以一起买的	一样付邮费多买应该可以打折或免邮费吧
可这个款式我已经买过了呢	我知道这款适合我，但我想尝试不同的风格
好的，我再看一下，然后联系你	我在别家看到了同样的宝贝，说不定比你这更便宜
我想要更好的款式，价钱不是问题	如果能既便宜又好当然就更适合我心意了
你发错货给我带来的麻烦不是钱能解决的	你除了补偿以外当然还要真诚地道歉

观察客户需求还要关注客户购物时的心理，客户购物心理往往会影响客户的购物过程和购物结果。

3. 推荐产品

当客户进店之后，除了主动回复客户的咨询，客服还要主动推荐产品。这是很多客服容易忽略的，一些客服总是习惯性地答复客户提出的问题，却忘记了主动销售。客服在推荐产品前要善于**"问"**，即善于向客户提问，以获得客户的真实需求，盲目推荐是低效的。客服应该通过提问了解客户需求，有针对性地推荐。特别是客户需要客服专业性的意见时，通过提问能精准地锁定客户需求。反之，不提问就直接向客户推荐产品，往往会给客户不专业、不认真的感觉。图 6-10 所示为客服提问后向客户推荐产品的示例。

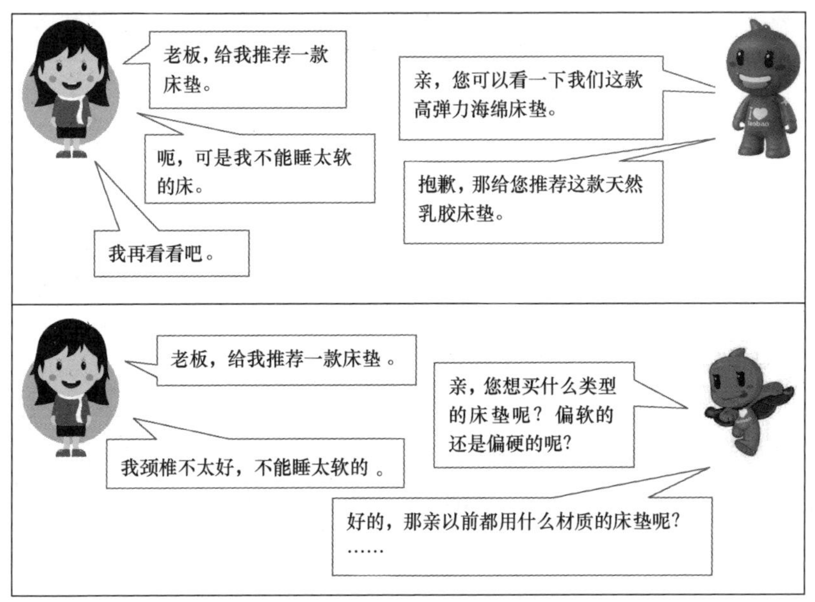

图 6-10　客服提问后向客户推荐产品的示例

4. 处理异议

当客户反馈有疑问时，客服要进行问题的解答、异议的处理，消除客户的购物顾虑。这个环节要善于**"说"**，即说产品，明确产品优势，如货源优势、质量优势、价格优势等。客服要勇于说出自己产品的优势，给到客户心理暗示。客服可以参考评价的情况、店内销售走势、库存备货情况向客户展示自己产品的优势，增加客户信心。此时客服要说出产品的优势和产品对客户的利益，比如，服装类产品的客服可以说："亲，您买下这件衣服，走在大街上一定回头率很高"；亲子类产品的客服可以说："增加你跟宝宝之间的感情"等。

5. 促成交易

促成交易这个环节经常出现的情景是客户拍了未付款或者客户咨询了没有下单。客户拍了未付款就需要订单跟进、催付；客户咨询了却没有下单，肯定是有原因的，此时需要客服继续跟进，询问未下单原因并进行异议处理，促进订单形成，而不是关闭聊天窗口。这个环节要关注“应”，即回应客户的疑问，但是也不能随意回应，而是有质量地回应，如利用价格拆分法，给客户做心理暗示可利于其接受，此方法适合高客单价的产品，图 6-11 所示为客服回应客户的示例。

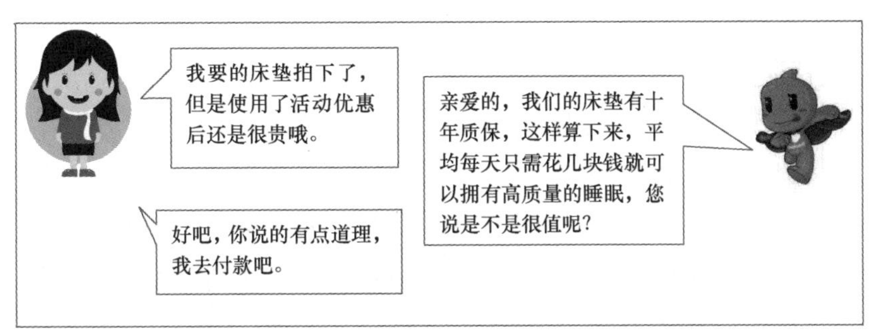

图 6-11　客服回应客户的示例

6. 确认订单

跟客户核实订单信息，当客户的订单生成后，客服需要跟客户确认订单的信息，如颜色、尺码、收货地址等。确认订单时要关注关键信息。

7. 礼貌告别

礼貌告别不仅仅是告别，其更大的作用是售后问题的预防。很多客服在核对订单之后就关闭聊天窗口，结束服务了，此时，如果能进行恰当的礼貌告别，感谢客户的选择，就能避免很多售后问题，同时也可能会间接提高店铺的评分。有很多客户购买产品后，由于不满意而又懒得退换货，就直接选择了中评、差评，给店铺造成损失。如果客服在礼貌告别时，顺带说：“亲，您对我们的产品有任何疑问或不满意时，您一定要跟我们联系哦，我们会给您解决的。”这样客户在不满意时可能就会联系售后，而不是直接评分，避免了差评风险。

服务即将结束时，要注意“**收**”，即收尾，客服人员要注意跟任何一个客户的沟通都要有一个完整的结尾，不管客户有没有成交。对成交的客户要礼貌道别，对没有成交的客户要给其留下考虑空间，同时再加心理暗示，如图 6-12 所示。

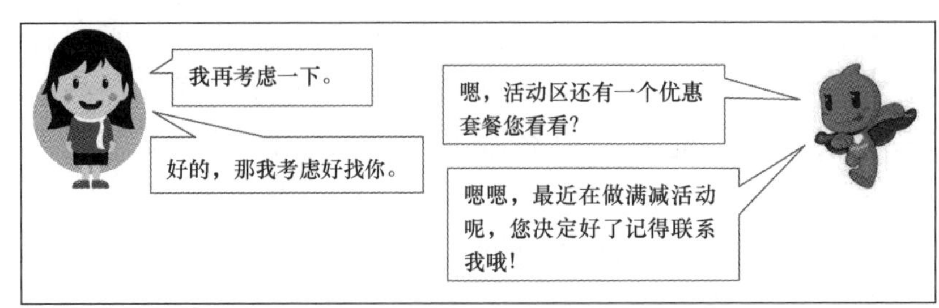

图 6-12　客服服务收尾的示例

8. 下单发货

有些店是把下单发货这个环节留给仓库发货部门的，但是作为客服，订单是从你手上产生的，客服也有责任跟踪订单后续，要及时留意订单的出货、发货情况，如遇遗漏或错发，要第一时间处理，避免售后风险。

总之，客服在整个接待流程中要用语礼貌、亲切、热情主动；对有意向的客户先加为好友以备跟进；将不同客户进行分组和重要级设置；给客户留出考虑空间，紧迫盯人适得其反；告别时适当努力，为下次交易留机会；将有可能产生售后的节点提前告知。做到这些，能让客服的接待流程更加顺利。

任务三 掌握关联销售、催付技巧

关联销售是一种建立在双方互利互益基础上的营销，其是在交叉营销的基础上，在产品、品牌等所要营销的东西之间寻找关联性，来实现深层次的多面引导。关联销售能提升客单价、提升转化率、测试产品、降低推广成本。客户服务的工作目标是让来的人买、让买的人买更多，也就是提高客单价和转化率，所以，售前客服需要掌握一定的关联销售技巧，以提高自己的客单价和询单转化率。

掌握关联销售、催付技巧

催付也属于销售技巧的一部分，催付做的好，可以提高销售额、降低推广成本、提升咨询转化率。客服需要掌握一定的催付技巧。

一、关联销售技巧

关联销售是售前客服在销售中应掌握的技能之一，客服要找到产品与

产品之间、产品与消费者之间的关联进行推荐，这非常考验客服的销售能力。关联销售有四个关键点，即关联模型、推荐策划、接触点投递、反馈优化，如图 6-13 所示。

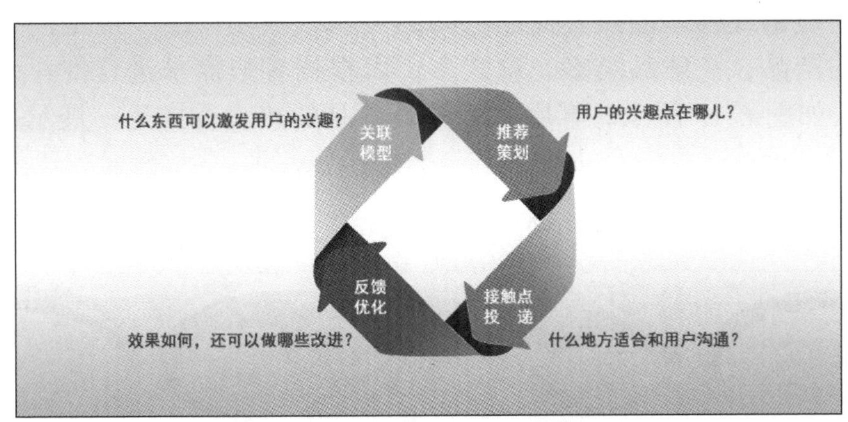

图 6-13　关联销售的四个关键点

1. 关联模型

关联模型，即什么东西可以激发客户的兴趣？这也是客服做关联销售首先要明确的点。只有明确了哪些产品是客户可能感兴趣的，推荐才能成功。关联销售有四种常见模型，即替换式模型、延展式模型、热销式模型和互补式模型。

（1）替换式模型也称替代式模型，是同类商品之间的关联，客服可以推荐同类可替代的产品给客户。当客户需求比较明确时，尽量不要推荐可以替代的商品；但当客户选择商品的库存不足或颜色尺寸不满意时，则可推荐可替代商品。如图 6-14 所示，A、B、C 三款产品属于同类产品，一般情况下，客户买了 A 款便不再购买 B 款和 C 款，但当客户对 A 款的颜色不满意时，客服可以向客户推荐 B 款或 C 款。

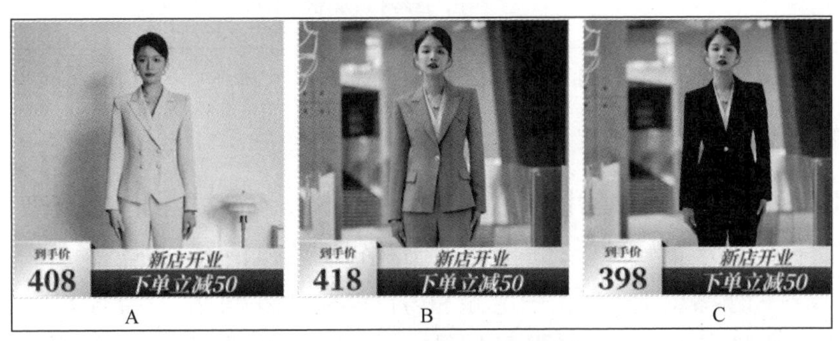

图 6-14　可替代产品示例

（2）延展式模型即功能、商品之间的关联。比如，键盘和鼠标、手机和充电宝属于延展式关系，再比如，当客户购买了粉底液，客服可以向其推荐彩妆类口红、眼线笔等产品。

（3）热销式模型即热卖商品之间的关联，热卖产品一般是同类中比较受欢迎的产品，一般品类多、款式多，可根据客户需求进行推荐，推荐成功率高。如图 6-15 所示，客服可将同类产品的热卖款式逐一展示，方便客户选择。

图 6-15　同类热卖产品示例

（4）互补式模型即搭配商品之间的关联，一般这两种产品之间在功能上可以实现互补，多用于配套使用、搭配使用类产品。比如，连衣裙搭配打底裤、上衣搭配裤子、手机搭配手机壳等。客服跟客户沟通之后，明确客户此类产品的需求后，可以进行适时地推荐，如图 6-16 所示。

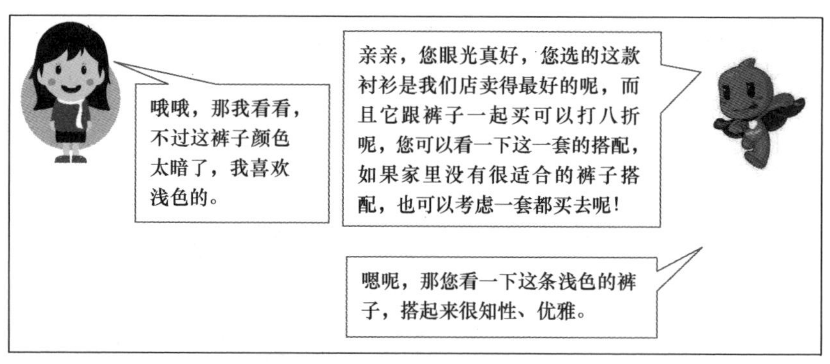

亲亲，您眼光真好，您选的这款衬衫是我们店卖得最好的呢，而且它跟裤子一起买可以打八折呢，您可以看一下这一套的搭配，如果家里没有很适合的裤子搭配，也可以考虑一套都买去呢！
哦哦，那我看看，不过这裤子颜色太暗了，我喜欢浅色的。
嗯呢，那您看一下这条浅色的裤子，搭起来很知性、优雅。

图 6-16　互补式产品推荐示例

2. 推荐策划

推荐策划主要是明确用户的兴趣点在哪儿，这样推荐才有效。常见的推荐策划有三种方案，即条件诱惑、价格诱惑和情感共鸣。

（1）条件诱惑就是利用一定条件引导客户多购买。当客户达到某条件或者即将达到某条件时，客服可以主动推荐，帮助客户考虑更加划算的购买方案。

（2）价格诱惑就是利用更优惠的价格吸引客户多购买，如第二件半价。在价格诱惑时，最主要的是给客户多买的理由，比如，为什么买第二件？对客户来讲，买了第二件利益是什么？主要是让客户感觉到省钱了。常见的价格诱惑有买一送一、第二件半价、两件直减等。

（3）情感共鸣是利用客户情感的共鸣引导其购买，比较常用的是节日情感，如母亲节、父亲节。

3. 接触点投递

接触点投递即要关注什么地方适合与用户沟通关联销售事宜，明确激发客户兴趣点的最佳时机是什么时候。一般情况下，客户静默下单后，越快联系客户，推荐成功率越高；客户已经确定有购买意向时，在拍产品之前适时推荐，成功率高。

另外，要注意推荐的有效性，选择热卖热销、高咨询量、流量高、经典款式、长期售卖利润款的产品。不要推荐客户可替代产品，尽量推荐互补产品，推荐优势套餐，一般“高客单价+高转化+低客单价”是比较好的组合搭配。

4. 反馈优化

反馈优化即关注关联推荐的效果如何，还可以做哪些改进，这是客服工作总结的一部分。客服要时刻关注关联推荐是否时机成熟、产品是否合适、方式方法是否合适等问题，以便于在以后的关联销售中进行改进。

二、催付技巧

催付主要是针对下单未付款的客户，这类客户如果不维护，可能会流失掉，他们是对店铺或商品感兴趣的，不能放任不管。催付不仅是催促付款，更多的是用催付的手段了解客户未付款的原因，从而进行针对性地解决，促成交易。催付流程如图 6-17 所示。

1. 明确客户未付款的原因

催付首先要做的是分析买家，即通过关注此类客户的数据、查看聊天记录，明确客户未付款的原因。常见的未付款的原因有操作上的原因和服务原因。操作上的原因通常是余额不足、忘记密码、系统异常、操作不熟悉等；服务原因主要有议价不成功、货比三家、在其他家购买、对服务不满、对产品有所担心等。

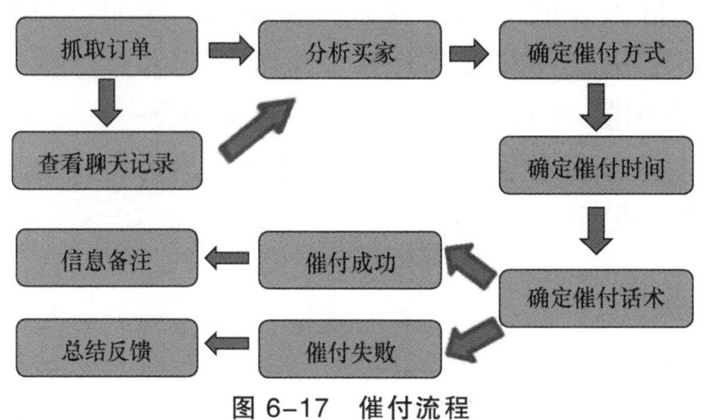

图 6-17　催付流程

（1）操作上的原因导致的客户未付款。如果客户是因余额不足导致的未付款，客服得知后，要了解客户方便充值的时间，提前进行再次催付，做好提醒动作，或告知其他付款方式；如果客户是因忘记密码导致未付款成功，客服要帮助买家了解找回密码的方法，要主动热情地进行跟踪催付；如果客户是因新手买家操作不熟悉导致的未付款，客服首先要告知客户遇到不明白的地方时截图说明，直观简单地解决客户的问题；如果客户是因遇到网银升级之类的系统问题导致的未付款，客服则需要了解升级完成的时间，并主动告知客户。

对于此类客观原因造成的客户未付款，客服可以发送催付信息进行催付，比如："亲爱的，是不是忙呢？还是付款遇到问题了呢？您拍下的宝贝（附带链接）还没有完成付款哦，如果需要什么帮助随时联系我哦。"

（2）服务原因导致的客户未付款。如果客户是因为议价不成功而导致的未付款，客服首先要了解客户心理预期值，强调性价比，找到情感共鸣，赠优惠券或赠品等满足客户购物心理；如果客户是因为对商品存在疑虑而没有付款，客服要给到客户一定保障，说出买家利益，告知品牌优势，告知相关服务保障等；如果客户是因为对服务不满意未付款，商家可以换一个客服进行服务，客服人员注意要态度亲切、用语得体，必要时可以进行电话联系、沟通。

2. 确定催付人选、催付时机、催付频率和催付方式

（1）催付人选。催付人选最好是接单客服本人，如果电话催付，尽量讲普通话，声音温婉亲切。对于静默下单未付款的客户，就要进行分配客

服催付了。

（2）催付时机。催付要选择合适的时机，对于拍下后10分钟还未付款的，可直接在线联系，可采用核对地址的方式进行隐形催付。对于静默下单的，可以随时进行在线催付，但如果要进行电话催付，则要根据其下单时间选择合适的催付时间。

（3）催付频率。催付频率也要把握分寸，不宜频繁催付，对于大订单不要用同一种方法重复催付。

（4）催付方式。催付方式常用的有在线催付、电话催付、短信催付，对于客单价比较高的订单，建议电话催付。

① 在线催付的技巧有利用贴心服务、制造紧迫感、利用活动或赠品等。贴心服务也是一种隐形催付，利用贴心服务可达到催付的目的；制造紧迫感是指可以利用发货时间、现有优惠政策、库存情况、交易关闭时间等条件进行催付；利用活动是指可以利用活动提醒客户付款，例如："亲亲，我看您拍下的订单还未付款，是遇到什么困难了吗？我可以提供什么帮忙吗？""亲亲，我看您拍下的订单还未付款，这款是热卖品呢，库存已经不多了，喜欢的话就尽快付款吧。""亲亲，我看您拍下的订单还未付款呢，这个优惠活动只有今天才有呢，明天这款商品就恢复原价了呢，喜欢的话别忘记付款哦，有问题可随时联系我哦。"

② 电话催付的技巧包括提高声音方面的感染力；掌握好语调的升降、音调的高低、语速的缓急、语气的强弱等；带着微笑，用语言表达服务热情；发掘和有效利用自己的语言特点。

3. 对老客户的催付

对老客户的催付不要仅仅只做订单催付，也要做关怀催付。因为老客户的特殊性，他们对店铺比较信任，了解产品，客服在催付前先感谢再次光临，询问其对产品的感受，催付时要委婉亲切，例如："亲爱的，您是我们的老客户了，您上次购买我们的产品，您感觉怎么样？您可以给我们提点建议哦。""我看到您在我们店铺又下单了，因为您是我们的老客户，我们对您的订单格外关注，您看一下您什么时候方便付款，我这边给您安排仓库的VIP通道，您检查好商品，我们会赠送小礼物。"

催付时需要注意两点：一是催付后进行备注，备注催付的相关信息，方便跟进；二是大单可进行二次催付，但要注意用不同的催付方式。

任务四 掌握电商客服售后服务技巧

售后的客户服务往往是客户有维权、投诉时产生的，这时的客户往往带有不满情绪，此时的服务就对售后客服提出了更高的要求，需要售后客服有着很好的沟通技巧和处事能力。

微课视频

掌握售后服务技巧

一、主动积极，表明态度

售后的客户服务是由于客户对于店铺或产品或服务的不满产生的，如果客服处理这些客户的维权时没有主动积极的态度，有可能会给客户造成被欺骗的感觉。所以，售后客服在处理售后维权时的第一要素就是要主动积极，让客户感受到他的问题是被重视的。

首先，迎接售后客户时要主动，要回复及时、快速。售后客服可以说："亲亲，非常抱歉给您带来了不愉快的购物体验，您先别着急，具体说一下您的问题，我一定给您一个满意的答复的。"

其次，不要等客户提出要求，客服要主动提出解决方案或补偿措施。当客户有售后诉求时，其总是主观地有不满情绪，往往不知道该如何提出具体的方案，这时就需要客服主动提出解决方案或补偿措施。售后客服可以这样说："亲亲，非常抱歉给您带来不好的购物感受，我们是无理由退换的，可以给您重新发一个，当然，我看该产品也不影响使用，重新寄的话会比较耽误时间，您也可以选择补偿金，您看可以吗？"

最后，在反馈阶段也要重视主动性。当碰到有一些问题没有被即时解决好时，比如因跨部门或者时间问题导致该问题需要再次跟踪时，客服不能等着客户催促进程，而是要主动跟进处理的情况并及时反馈给客户。

二、选择适合的沟通方式

同样的内容，用不同的沟通方式会产生不同的效果。沟通方式在任何时候都很重要，更何况在客户有不满情绪时，所以，售后客服要选择适合的沟通方式，提高自己的沟通技能，以一种客户比较好接受的方式沟通。如图 6-18 所示，面对同样的问题，两种不同的沟通方式就能产生截然不同的结果。

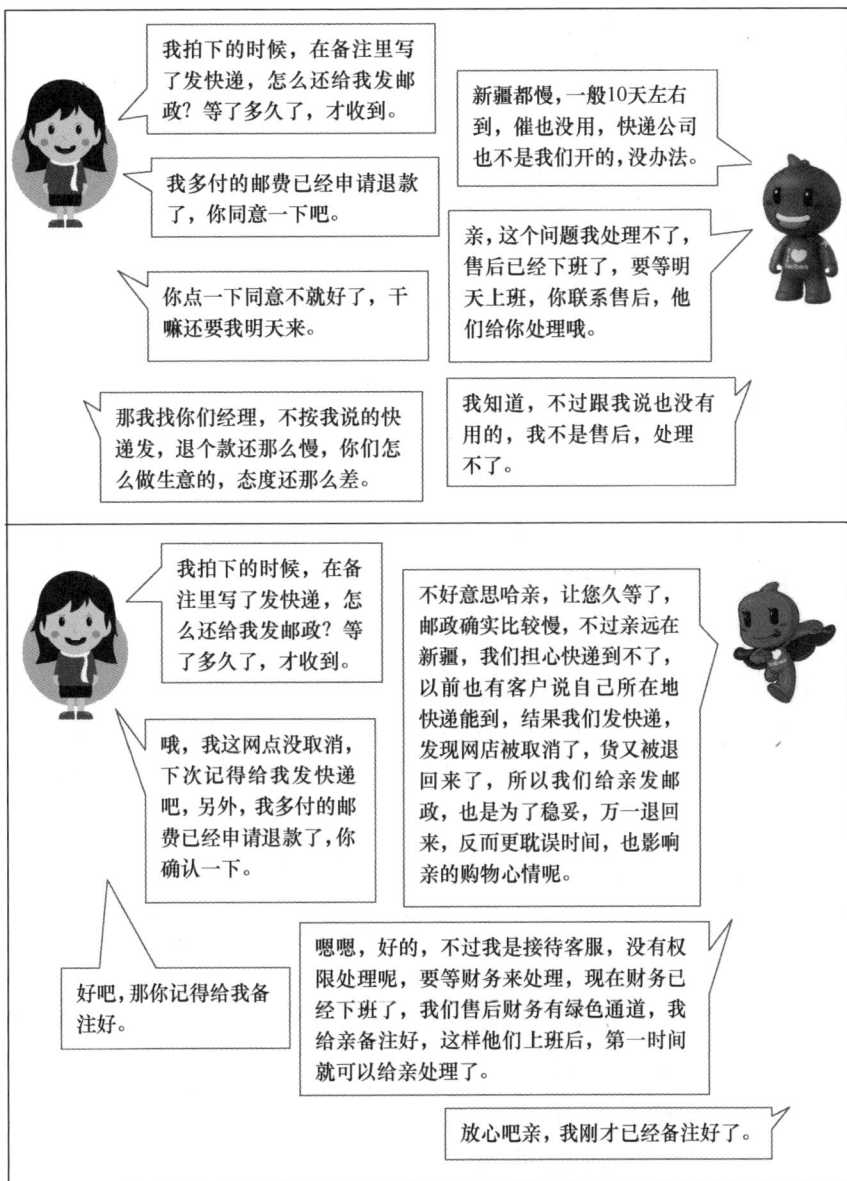

图 6-18 客服不同的沟通方式示例

在沟通中，客服要学会跟客户感同身受，用一些能让客户平静下来的语句，比如："我能理解""我非常理解您的心情"。

当客户维权的问题不是商家造成的，可能是客户理解错误或客户的原因造成的，客服要委婉划分责任，不能直截了当地说出责任属于客户，而是要委婉告诉客户，比如："嗯嗯，非常抱歉，让您不开心了，但是我们的宗旨是非产品本身问题不能退换呢，希望您理解，由于给您造成了不愉快的购物经历，您看给您补发一个无门槛优惠券怎么样？"。

有些客户有售后维权的需要，仅仅是需要发泄一下不满情绪，客服千万不能打断或阻止，一定要让客户把话说完。不是所有的客户都需要退换、补偿的处理方案，售后客服要关注客户的情绪，如果情绪很激烈，就给足客户发泄的时间，不要阻止和反对，更不能跟客户讲道理。

售后客服在处理售后维权时，也不能一味地只关注解决方案，如果客户的情绪没有安抚好，再好的解决方案可能都不能让他满意。前面提到的感同身受、表示歉意都可以适当安抚客户的情绪。沟通中客服也可以多使用语气助词表示亲切感，适当使用表情缓解气氛。

三、重视解决客户的问题

客户维权投诉都希望有一个满意的结果，客服要把工作的重点放在如何解决客户的问题上。在跟客户沟通的过程中，安抚客户情绪的同时，要时刻围绕如何解决客户的问题这个主线，不能跑题。

常见的售后维权问题有产品问题、服务态度问题、物流问题等。产品问题涉及漏发、少发、错发、迟发，物流问题涉及物流无更新、丢件、派错等。售后客服要熟知每一种情况的处理方法和原则，当客户出现维权投诉时，尽快明确处理方案，并跟客户确认。常见的处理方法有致歉、补发产品、补偿优惠券或现金、发送产品使用视频或文件、催促物流、跟踪物流等。当客户有特殊需求时，客服要学会随机应变，在不违反公司处理原则的基础上，尽可能让客户满意。

碰到不能即时解决的客户问题时，客服要给客户一个明确解决问题的时间进度。客服可以说："好的，我已经收到您的反馈，这个问题可能出在××环节上，我需要跟公司反应一下，预计 24 小时会有结果，如果期间还有其他问题，我们会主动跟您联系。"

四、日常售后问题处理技巧

售后客服处理的日常售后问题中，物流问题比较多，物流问题主要有两类：一类是物流因素造成的，如逾期不达、运输损耗、包裹丢失、偷梁换柱；另一类是商家因素造成的，如发错货、少发货、选错快递、发错地址。此外还有退换货问题、维权纠纷问题、评价管理等。客服在处理这些问题时不能只考虑成本，还要考虑客户满意度。售后处理流程如图 6-19 所示。

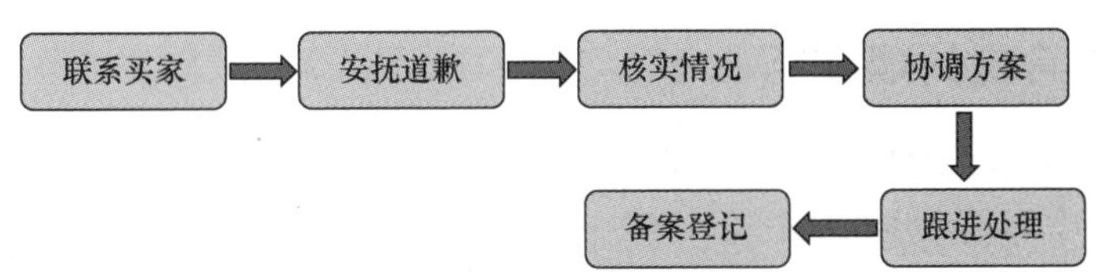

图 6-19　售后处理流程

1. 物流问题处理技巧

针对商家原因出现的物流问题，客服首先要表示歉意，再根据问题原因给出解决方案。货物漏发的，要首先衡量漏发物品的价值，价值低的，如漏发小礼品的，建议赔偿，或者建议客户看看有没有其他商品要买的，一起寄过去；如遇客户坚持补发的，就一定要补发；对于价值高的物品，应直接补发或退款；地址错误的，客服应联系快递公司，进行再次投递；发错货的，引导客户自留或退货，客户喜欢的话建议自留，并适当补偿，客户不喜欢的话，就走换货流程并主动承担快递费用；选错快递的，要及时替换快递，如遇客户加钱指定某快递的，则要主动将快递费用退回客户。客服处理物流问题的示例如图 6-20 所示。

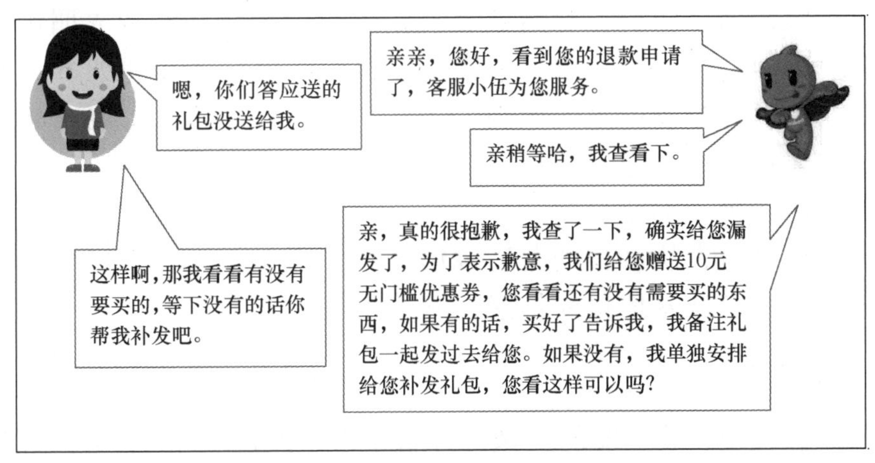

图 6-20　客服处理物流问题的示例

物流因素造成的问题，如逾期不达，客服应主动联系物流公司，了解物品物流情况，并告知收件人。运输中物品损坏的，向物流公司进行索赔，并及时补发客户新的商品。客服应建议客户签收时进行包裹检查，确实损失的就直接拒签。包裹丢失的就直接跟快递公司索赔，并向客户致歉，及时补发客户新的商品。如遇偷梁换柱的，客服要做好取证工作，正常走申诉处理，并及时处理好客户订单。

2. 退换货问题处理技巧

除了物流问题，退换货问题也是售后的常见问题。注意处理此类售后问题时，不要直接同意退换货，售后的最终目的是减少售后，让问题越来越少，而不是简单粗暴地直接处理问题。售后团队要想办法从源头上解决问题，让售后问题越来越少，适时地进行问题总结、分析、汇总。例如，客户要退换货时，客服可以说："您好，请问您对我们商品哪里不满意呢，我们愿意听取您的意见，改善商品及服务质量，另外，我们是支持七天无理由退换货的哦！"

3. 维权纠纷问题处理技巧

维权纠纷处理问题也是售后的常见问题，包括邮费争议、延迟发货、未履行其他服务承诺、恶意骚扰、退款纠纷等。客服要关注维权纠纷数据，分析维权纠纷的原因。邮费争议一般是不扣分的，如有投诉，客服应先判断该投诉会不会成立、成立了对店铺的影响如何，再跟买家沟通协商，最好让买家撤销投诉，或走正常申诉流程。延迟发货是有扣分处罚的，客服要及时跟买家沟通、协商，尽量让其撤销维权。退款纠纷要先明确纠纷原因，跟客户真诚沟通，提出解决方案。维权纠纷处理的步骤如下。

（1）找出投诉维权产生的原因。

（2）向客户道歉并稳定其情绪。

（3）耐心聆听，不要争辩。

（4）换位思考，从客户的角度说话。

（5）要真切、诚恳地接受抱怨，并给出解决方案。

4. 评价管理

关于评价管理，最主要的是做好评价解释。评价是给下一位客户看的，通过对中差评的解释，争取其他客户的理解与同情；通过对好评的解释，可以表达感恩或做出宣传。评价解释的核心就是让更多的潜在客户看到店铺的管理理念和处理问题的态度、立场，给更多客户留下好的品牌印象。对中差评的处理步骤如下。

（1）了解原因。

（2）真诚道歉。

（3）提出解决方案。

（4）评价跟进。

以下为中差评处理的参考话术。

参考话术 1：您好亲，我是××旗舰店的 VIP 客服小伍，现致电给您是因为我看到您给我们的评价，知道这次购物没让您满意，真的抱歉，打电话也是想帮您解决下问题，您现在方便吗？（说明来电原因，并致歉）

参考话术 2：是这样的，我们真的很重视每个客户的体验，您的满意对我们来说真的很重要，我们也很感谢您这次告诉我们不足的地方，希望您能给我们一次为您服务和改正的机会，我们下次一定引以为戒。（真诚沟通，争取机会）

售后客服在处理售后问题之后，并不意味着问题的结束，还要及时做好记录、整理，以便售后问题分析和改进，表 6-3 所示为某店铺售后问题处理记录表。

表 6-3　某店铺售后问题处理记录表

售后问题处理记录表							
客户 ID		订单编号		下单时间		受理时间	
款号		款名		件数		订单金额	
服务类型							
投诉原因							
客户诉求							
分析							
处理技巧							
处理结果							
经办人		是否结束		结束时间		主管签名	

五、售后业务技巧总结

根据售后客服的服务内容和要求，可以总结以下售后业务技巧。

1. 充分了解产品、服务

在客户做出投诉或者咨询时，想要在短时间内给出好的解决方案，客服人员必须对公司的产品和服务足够了解，熟知每一个要求和标准，没有标准的，也要能灵活把握处理原则。售后客服可以在空闲时间刻意训练，熟记产品及服务的相关内容以及参数等，让自己面对客户时更加从容自若，平时也要注重积累、总结，以帮助自己更高效地处理问题。

2. 掌握常见问题及处理方案

客户提出的问题中，很多都是有共性的，通常公司也会给出相应的问题解决模板，客服如果在与客户沟通的过程中自己还不熟悉，或者要现场翻找答案，不但效率低，还可能会导致出错。因此，售后客服要掌握常见问题及处理方案，以帮助自己提高应变能力和工作效率。

3. 准备万能回答模板

售后客服与客户沟通的过程中，留给客服思考的时间非常短暂，对于有些刁钻的问题，或者自己没有权限给出承诺时，则可以采用万能的回答模板。例如："对于您提出的问题，我们领导非常重视，但由于我这边的权限有限，可能需要您稍等片刻。您放心，待我们这边有了决议之后，我会立刻联系您。"这样既争取了更多的思考时间，同时也有机会向上级领导请示，以妥善处理售后问题。

4. 提高心理素质

从事售后客服工作，可能会面临各种各样的客户，有些客户性格暴躁、有些客户难以沟通、有些客户说话难听，如果自己心理素质较差，很容易受到客户的情绪影响。情绪不稳定，可能会跟客户吵起来，这样不但解决不了问题，反而会将矛盾激化。因此，售后客服一定要学会预设好各种可能出现的情况，不能让客户左右自己的情绪，提前做好心理建设，找到使自己情绪稳定的处理方法。

任务五 做好大促活动准备工作

时至今日，电商平台为了争夺消费者的注意力，不断加大营销竞争和促销优惠。各大商家为了争夺流量，各显身手，利用促销活动吸引更多的消费者。常见的大促活动有三类，即店铺营销活动、官方营销活动和平台大促活动。大促活动期间，由于流量比平时大，且有固定活动规则和时间限制，因此对客服的要求高于平时，客服团队要在活动前做好充分的准备工作。

微课视频

大促活动准备

一、促销活动类型和规则

在大促活动前，企业一般都会对店铺的客服进行系统化培训，主要的培训内容有活动类别、规则介绍、产品培训、情绪激励等。常见的大促活动有三类，即店铺营销活动、官方营销活动和平台大促活动。客服首先要对活动类别和规则进行学习。

1. 店铺营销活动

店铺营销活动也称日常活动，一般分两种：一种是针对全网会员的，如满减优惠（可以满金额减，也可以满件数减）、店铺优惠券。注意，此类活动中涉及优惠券时，如果客户退款，退款时优惠券金额通常是按照比例均摊的方式进行退款操作的，如两件减 30，如果客户退一件，就是优惠券只能按照 15 元来算；另一种是只针对店铺会员的，如享受店铺 VIP 会员价，根据客户在店铺不同的消费金额和频率，设置不同的折扣和价格，越高级别的会员，享受的折扣越大。也可以设置社群专享价，如淘宝群专享价，即根据淘宝群内的活动，专享不同的折扣。店铺营销活动的目的是引导新客户成交，激活老客户回购，客服要熟悉活动规则，善于利用优惠政策引导客户下单。

2. 官方营销活动

官方营销活动包括淘宝的聚划算、淘抢购、淘金币、天天特价等。对于官方营销活动，客服主要需要了解跟交易规则有关的和促进询单转化相关的要求。客服需要在有限的时间内，让客户快速下单，提高客户的客单价。表 6-4 所示为淘宝的淘抢购和聚划算的活动规则。

表 6-4　淘宝的淘抢购和聚划算的活动规则

活动规则	淘抢购	聚划算
活动时间	时间段（一般较短）	一定期限内
活动价格	淘抢购价格	聚划算价格
活动优惠	可叠加	可叠加
付款时间	15 分钟	30 分钟
发货时间	72 小时内	72 小时内

官方营销活动的目的主要是提升活动的询单转化和催付工作，客服要熟知官方营销活动的规则，利用活动时限第一时间留住客户，提高询单转化。

3. 平台大促活动

平台大促活动一般指比较重大的促销活动，如 6·18 年中大促、双十一购物狂欢节，由于这类活动不是固定的活动规则，每年都有变动，都可能有新玩法，客服需要提前学习、掌握活动规则、做好活动规划。在活动的预热期，配合做好排班，对活动规则进行学习，进行话术整理，加强引导客户的服务意识，以提高活动的转化；在活动期间，做好催付工作，最好有专岗催付，同时做好应急方案，如关于网络、硬件、人员等突发情况的应急预案；做好售后服务，因大促活动期间可能会有爆单的情况，因发货承载能力、发货时长、售后退换货时长导致的售后问题可能会增多，客服要做好大促活动期间售后的服务工作。表 6-5 所示为大促活动期间的客服话术示例。

表 6-5 大促活动期间的客服话术示例

催单	亲，恭喜您已经在我店成功拍下宝贝，我们已为您备货，在您付款后，我们会尽快为您安排发出。
	亲，您好，目前您拍下的宝贝，我们这里还有货的，时间久的话，可能就没有库存了，亲要是喜欢的话就抓紧时间付款哦。
客户修改地址	亲，真是不好意思，我们今天发货量比较大，仓库快件太多可能找不到您的快件，所以不能修改地址了哦，请您谅解哦。
	亲，您的快件还没有发货，您把您的新地址发给我一下，我让仓库修改，速度要快哦。
	亲，您的宝贝已经发出了呢，来不及修改地址了呢，非常抱歉哦。
客户咨询退款	亲，不好意思哦，双十一活动期间订单量大，我们一定会按照时间发货的，您再耐心等待下哦。
	亲，您的宝贝已经发出去了呢，真是不好意思哦，您要是确定不要的话，到时候您拒签一下哦，要是签收的话，退回来的运费需要您来承担呢，感谢您的理解。
关于赠品	亲，真是不好意思哦，您已经参加了双十一的活动，由于发货来不及送赠品，所以大家都不送赠品了，请您谅解，您下次来买的时候提醒我，我到时候去申请多送一些赠品给您。

二、有效利用快捷回复语

大促活动期间，往往咨询量比较大，客服的工作量会比较大，这时候快捷回复语就是一个很好的工具，它不但减少了客服的重复工作量，还能提高客服的工作效率，同时，间接地避免因客服回复不及时造成的客户不满。客服可以根据活动内容和要求，将一些常用的重复性回复语设置成快捷回复语，当客户咨询时，可以根据关键词进行一键发送，极大地提高工作效率。表 6-6、表 6-7、表 6-8 所示分别为大促活动期间售前、催付和售后的快捷回复语设置示例。

表 6-6　大促活动期间快捷回复语设置示例——售前

快捷场景	设置原则	示例
欢迎语	活动主题+主推链接	亲，在这个特别的日子里，是缘分让我们相遇，我是您的客服小伍，今天全场大促五折包邮哦，库存有限，赶快下单吧。
自助购物	引导客户直接下单	亲爱的，非常抱歉呢，活动期间咨询量大，您可以先直接拍下的，能拍下的都是有货的，我看到后会第一时间回复您，谢谢您的体谅哦。
等待致歉	安抚，留住买家，分类回复	没说出具体问题的：不好意思哦，亲，让您久等了，现在接待的客户有点多，您可以把问题先告诉我，我看到后会第一时间为您解答的。
		有说出具体问题的：不好意思哦，亲，让您久等了，您刚刚的问题我马上为您解答。
库存	断码缺色，后期补货	亲，这个颜色已经没有现货了呢，预定 15 号可以发货的，您可以先拍下，今天拍下的话还是可以按照今天的活动价哦。
	断码缺色，后期不补货	亲，实在抱歉呢，您挑的这款已经卖完了，要不您看一下另一款，跟您喜欢的那一款的款式很接近呢，而且这款也是聚划算特价的哦，现在拍下也很划算呢。
产品质量	给信心	亲，活动产品质量和平时一样的呢，只是因为平台官方有要求，参加活动一定要这么低的折扣才行，所以我们才会用这个价格做活动积累销量呢，您现在买最划算呢。
议价	活动不议价，建议搭配套餐或赠品安抚	亲，双十一的价格已经是最低价了呢，要不您看看这样行吗，我帮您申请一份小礼物吧，我们的小礼物都很精美呢。
		亲，您也知道的，目前这个已经是最低价格了呢，不过您是我们的老顾客了，您今天下单的话我帮您再申请一张优惠券吧。

续表

快捷场景	设置原则	示例
赠品	随机发放，突出限量	亲，您今天下单的话，仓库会随机赠送一份精美的小礼品哦，数量有限，先到先得哦。
修改订单信息或物流信息	建议客户重新拍	亲，活动期间订单量大，为了防止发错货，建议您直接取消订单然后重新拍，这样比较好呢，你要是有什么问题，记得告诉我哈。
急单	不接急单	亲爱的，活动期间订单量太大，只能保证 72 小时内发出呢，我们仓库是按照订单付款顺序发货的，先下单的优先发货，如果有异常情况我们会及时联系您，谢谢您的理解哦。
	接急单	好的，已经给您备注好了，我们会按照您要求的时间发货的，但是双十一期间，仓库可能出现爆仓，延误送达时间，这些情况我们没办法控制呢，还请您耐心等待一下哦。
结束语	大促活动期间，快递容易异常，先提示客户，提早获得谅解	亲，双十一期间发货量大，各地物流速度都会比较慢，到您那里可能会稍微晚一点点，还请您理解一下哦。
		亲，您的宝贝已安排出库，请您耐心等待它的到来，见到它喜欢的话就收藏一下我们店铺哦，如果能辛苦给个好评，那就太感谢了。

表 6-7　大促活动期间快捷回复语设置示例——催付

快捷场景	设置原则	示例
优先发货	突出时效性，一年只有一次，库存很快售罄，优惠马上结束，先付款先发货等	亲，活动期间订单量比较大，先付款的可以优先发货哦，而且双十一期间各地仓库容易爆仓，如果先发货的话就能错开物流高峰期，让您的宝贝尽快送到您手上。
热销催付		亲，您拍下的这款宝贝目前已经库存不多了呢，您记得尽快付款哦。
礼品催付		亲，您拍下的宝贝还没付款哦，您别忘记了哦，我们今天有准备一款限量发售的小礼品，仅限前 100 名购买的客户，晚了就没有礼品送了呢。
倒计时		亲，不好意思打扰您了，您拍的宝贝还没有付款呢，活动时间马上结束了呢，结束后就没有这个优惠价格了，您记得尽快付款哈。

表 6-8 大促活动期间快捷回复语设置示例——售后

快捷场景	设置原则	示例
催发货	安抚客户，说明发货时间，取得客户谅解	亲，非常抱歉哦，活动期间因为订单量比较多，我们是保证 72 小时内发货的，仓库已经在加班加点发货了呢，我让仓库尽量帮您安排在前面发好吗？麻烦您耐心等待一下哦。
缺货（库存不足、超卖、生产跟不上）	主动及时联系致歉，如客户申请退款，尽快处理	能补货的：亲，非常抱歉呢，您的订单大概 15 号能发出，仓库人手实在不够，一直都没有休息，已经在加班加点发货了呢。
		不能补货的：亲，十分抱歉呢，这款暂时没货了呢，您看换成别的类似款式可以吗？
物流异常	明确具体原因再解释、安抚	亲，非常抱歉，给您带来这么多麻烦，我马上确认一下，看看是什么原因，确认好了马上回复您。

任务六 掌握老客户维护技巧

老客户维护技巧

有过一次及以上成功交易的买家就是老客户，老客户是店铺的重要资源，维护老客户的成本远远低于开发新客户的成本。老客户对店铺的商品质量、价位都有一定的认知，下单时目的性很强，转化率很高。另外，老客户的口碑宣传能为店铺带来更多的新客源，从而带动店铺品牌知名度的提升。健康的店铺是非常重视老客户维护的，客服团队应成立专门的客服小组，专门负责老客户的维护。维护老客户的技巧有很多，这里从建立顾问式服务关系和老客户关怀这两个方面来分析老客户的维护技巧。

一、建立顾问式服务关系

顾问是一个职位，泛指在某件事情的认知上已经有多年经验，并且擅长解答疑问的人，他们可以提供顾问服务，让你在某件事上全方位地得到专业的建议或服务。所谓顾问式服务，就是服务者以顾问的形式帮助雇主解决相关的咨询问题。如果客服跟客户是顾问式的服务关系，即客服是客户的顾问，那就意味着客户认可了客服的专业服务，也会对之产生信任和依赖。这种关系的建立需要的不仅是客服一般的流程化、标准化服务，更重要的是提供个性化、全方位的专业化服务。

顾问式服务有三个要点，即分析客户个性化需求、满足客户个性化需求、提供专业合理化的建议。客服在提供服务时，要始终站在客户的立场上思考问题，全心全意分析客户的个性化需求，以满足客户的个性化需求为核心，并能以专业的角度，提供合理的建设性意见，帮助客户做决定。

要做到顾问式的客户服务，不但需要客服有很强的专业性，还需要客服有很强的沟通能力。如前所述，专业性体现在客服基本服务内容的掌握程度和丰富的专业知识储备上，以便能给到客户建设性的建议。沟通能力体现在丰富的语言表达能力和很强的共情能力上。比如，客服能用准确易懂的语言为客户分析问题或解答问题；能引导、控制客户的情绪；能安抚客户情绪，协助客户缓解压力；能用认真、谦虚、宽容的心态倾听客户讲话，快速、正确理解客户询问的问题；能够运用不同的提问技巧了解客户需求。

作为客户的顾问，客服要在实践中不断加强专业知识的学习和更新，提升业务能力，也要拓宽知识面，提升自己的职业素养，与客户建立顾问式服务关系。

二、客户关怀要精准、有效

老客户关怀是老客户维护的重要方面，它通过非营销的目的来提升客户的满意度和忠诚度。随着市场竞争的加剧，依靠基本的售后服务已经不能满足客户的需要，企业必须提供主动的、超值的、让客户感动的关怀型或情感型服务才能赢得客户信赖。

老客户的关怀不能仅仅停留在时不时发送祝福语和福利信息，要有针对性地给客户个性化的服务关怀，即根据客户需求“投其所好”。要对客户表示关怀，一定要分析客户的需求和偏好，围绕客户的需求与偏好，提供具有针对性的关怀。客服团队应制定自己的客户关怀策略，可以根据不同规模、地区、民族、性别采取不同策略，从关怀频率、关怀内容、关怀手段、关怀形式上制订计划，落实老客户关怀。要做到老客户的精准关怀、有效关怀，可以尝试以下几点。

（1）给予老客户温暖的售后关怀。在老客户购买产品后，除了常规的售后服务，客服可以提前、额外进行售后的关怀，提供对方可能用得到的服务，让对方觉得店铺的贴心。比如，主动询问产品的使用情况，告知有问题随时咨询售后，主动发送产品保养、使用教程等。

（2）重大节日的定向关怀问候。每逢重大节日，都是商家回馈、维护老客户的好时机，客服自然也不能放弃这个和老客户联络感情的机会。在重大节日时，可以适时地给老客户送上一份节日祝福，可以是祝福信息，也可以是精美小礼品。但是要注意，既然要做到关怀的精准和有效，就不能千篇一律地给所有客户发送同样的关怀信息，可以根据客户的类别进行不同关怀的设计，比如，根据不同性别和年龄发送不同的祝福信息和礼品，原则就是这些关怀内容都是为每一个客户量身定做的，并不是群发的。

（3）特殊节日的关怀问候。客户的生日就属于特殊节日，客服不能忽略这样的关怀机会。客服平时记录整理的客户信息这时候就可以派上用场了，在特殊的节日里，客服送上店铺暖心的祝福或礼品，会让客户感受到温暖。客服也可以顺带送上老客户生日福利，如生日折扣、生日优惠券，让客户感受到品牌的诚意，提高客户的黏性。注意，祝福信息一定要有具体称呼，没有称呼的群发信息，往往会让人直接忽略。

（4）老客户的专项活动。店铺可以定期举行老客户维护的专项互动活动，这类活动的目的跟营销无关，不能借互动活动大搞产品推荐和销售，这类活动就是单纯的客户沟通、客户互动，以加深客户对品牌的印象。当然，活动的策划是要有主题的，要让客户有兴趣参加，可以是线上的，也可以是线下的。比如，企业的周年庆、新品品鉴会、行业交流会、粉丝见面会等。

项目小结

本项目从电商客服售前销售技巧、沟通原则、接待流程优化、关联销售技巧、催付技巧、售后服务技巧、大促活动准备和老客户维护这些方面梳理和总结了电商客服的一些技能，掌握这些技能能让你的工作更加顺利、高效。以下为本项目的主要知识点总结。

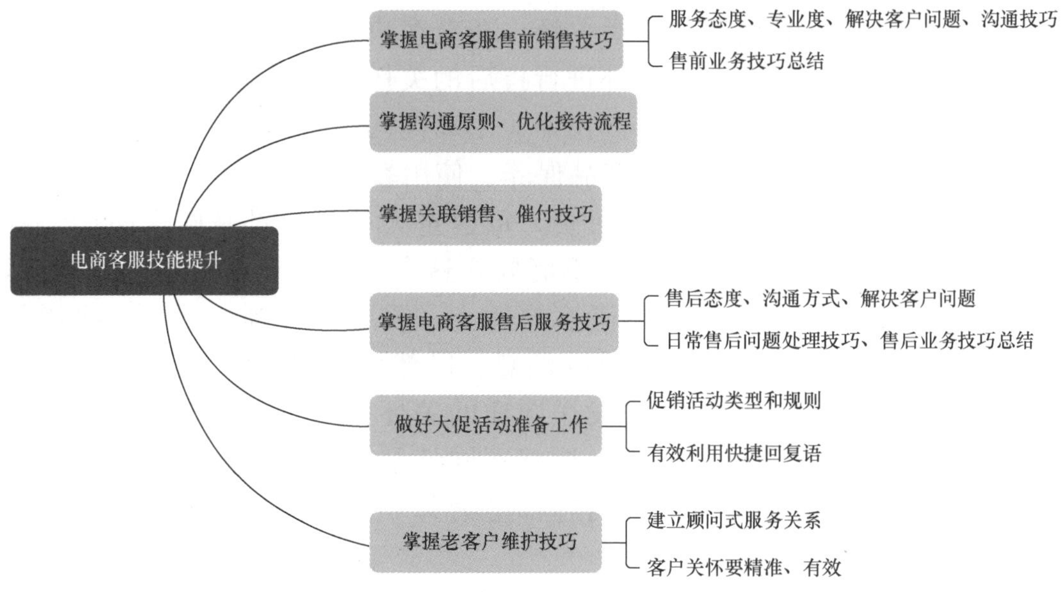

项目实训

为了更好地帮助大家理解和掌握本项目学习内容，本环节特设置了以下实践训练任务，旨在帮助学习者更好地掌握本项目相关知识和技能。

实训目标

1. 掌握售前、售后客户服务的技巧。
2. 掌握老客户维护的途径和手段。
3. 做好大促活动准备工作。

实训要求

1. 能设计比较好的客服话术。
2. 能策划老客户维护的活动。

实训内容

1. 请为以下服务场景设计比较好的客服话术，填写在表 6-9 中。

表 6-9　客服话术设计

客户说辞	客服话术
客户：这款蓝色的什么时候有货啊？	客服：
客户：我按照这个安装说明，怎么装的不对啊？这是什么啊？都没说明白。	客服：
客户：你们这款怎么那么贵啊？我看别家比你们家便宜啊。	客服：
客户：我是你们老客户了，打个折吧。	客服：

2. 请为你熟悉的一家店铺或某个品牌设计一场老客户维护的活动，根据活动策划，制作客户邀请函，填写表 6-10。

表 6-10　老客户维护活动策划表

活动类型	
活动主题	
活动目的	
活动时间	
活动地点	
参与客户	
报名方式	
活动内容	
邀请函	

3. 小伍即将迎来他从业以来的第一次大促活动，他该如何面对呢？请你针对小伍的情况，给他一些建议。

素养小课堂

学而不思则罔，思而不学则殆，学如逆水行舟，不进则退。
真诚是最直接、高效、不费力的沟通技巧。
唯天下之至诚能胜天下之至伪，唯天下之至拙能胜天下之至巧。
真诚是永远的必杀技。

项目七

金牌客服职业素质养成

学习目标

知识目标

1. 了解客户购物心理。
2. 掌握打造金牌客服心态的方法。
3. 掌握打造金牌客服学习力的途径。

技能目标

能根据客户类型进行不同策略的客户服务。

素养目标

1. 培养不断创新、不断超越的创造精神。
2. 树立不忘初心、持续成长的职业发展观念。

情景导入：阅故事，懂职场

客服小伍的职场腾飞记——第七集：再升职

上次小伍团队在职业技能大赛中获得一等奖，客服总监和经理对小伍更是刮目相看了。客户关系管理小组自成立以来，在小伍的带领下，不但重新构建了公司的老客户关系管理体系，使公司的老客户回购率有了明显的提高；而且，三个小伙伴在小伍的带领下也取得了很好的绩效成绩。

考虑到给公司员工提供公平合理的晋升机会，客服总监建议将小伍再次升职，以发挥其更大的作用。客服管理会议上，大家也一致认为小伍值得更广阔的平台。这样，小伍再次升职了！他这次的岗位是客服部主管，管理公司的售后一组和客户关系管理小组两个团队，和售后二组主管同时归公司客服部经理管辖。这次的升职使小伍的薪资有了大幅提升，同时也给了小伍更大的信心。

小伍上任前，公司安排他和其他的基层管理人员一起参加了为期七天的团队管理培训。小伍很珍惜这样的培训机会，因为他现在面临要管理十几个人的团队，他还是有很大压力的。培训期间，小伍结合自己的工作经验，对每天的学习内容都会进行再学习、再消化。

在此后的半年里，小伍跟二组的主管共同经历了很多，从培训到相互帮助解决团队问题，到比较团队业绩，他们在比较中前进、在相互帮助中成长。

项目导读

金牌客服是指不断优化自身业务水平和服务质量，在同等投入下能持续为企业带来最大的投入产出比的客服人员。他们具备专业的知识和技能，能够很好地解决客户的问题，提高客户满意度和忠诚度；金牌客服还具备良好的沟通技巧、热情的服务意识和良好的工作态度，能够为客户提供优质的服务体验。他们是企业提高竞争力的关键因素之一，有助于推动企业的业务发展。金牌客服和其他级别客服的比较如图 7-1 所示。

从企业的角度讲，金牌客服提高了客户满意度和忠诚度，使企业的销售额和转化率更高，企业当然喜欢，也愿意付出更高的报酬；从个人的角度讲，金牌客服通常具备更高的职业素养和职业道德水平，具有更高的个人发展潜力，能够获得更多的晋升机会和更好的薪酬待遇，实现个人的职业价值。

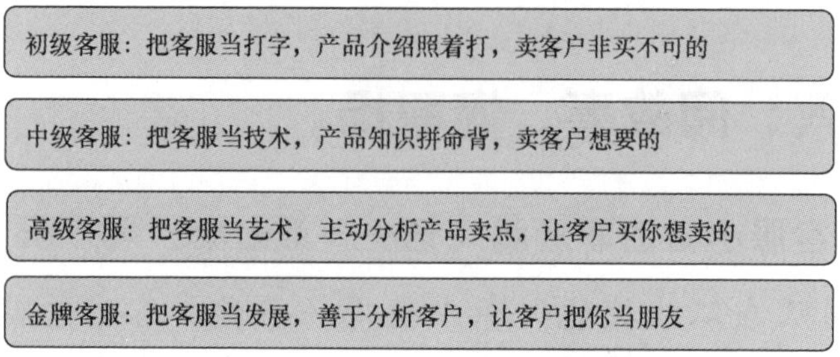

初级客服：把客服当打字，产品介绍照着打，卖客户非买不可的

中级客服：把客服当技术，产品知识拼命背，卖客户想要的

高级客服：把客服当艺术，主动分析产品卖点，让客户买你想卖的

金牌客服：把客服当发展，善于分析客户，让客户把你当朋友

图 7-1　金牌客服和其他级别客服的比较

职业素养是对职业道德、职业心态、职业习惯、职业情感、职业兴趣等方面的培养和塑造。作为一名金牌客服，仅仅有岗位知识和技能是不够的，还需要具备良好的职业素养。职业素养是知识和技能的基础，客服人员只有具备了良好的职业素养，才能够更好地发挥知识和技能的作用。

职业素养的提升能够帮助个人提升职业能力，比如沟通能力、团队合作能力、分析解决问题的能力、自我管理能力等。这些能力能够帮助个人更好地适应和应对职场中的挑战，对于职场的成功至关重要。

良好的职业素养是个人职场竞争力的体现。在现代职场中，竞争越来越激烈，只有具备更高的职业素养，才能够在竞争中脱颖而出。良好的职业素养能够使个人更加受到同事和上级的认可和赏识，从而获得更多的机会和资源。职业素养的提升能够使个人更好地适应职场的变化和发展，使个人具备更强的适应能力和应变能力；良好的职业素养还能够使个人更加具备创新精神和实践能力，为个人的职场发展奠定坚实的基础。

总之，职业素养对于知识和技能的重要性不言而喻，只有具备了良好的职业素养，才能够更好地发挥知识和技能的作用。客服人员在不断提高岗位知识和技能的同时，也要不断提高自己的职业素养，从而在职场中获得更多的成就。以下从塑造客户顾问式的专业形象、打造金牌客服心态和打造金牌客服学习力这三个方面阐述客服岗位的职业素养。

任务一　塑造客户顾问式的专业形象

客户顾问通常具备丰富的专业知识和经验，能够提供深入的建议，他们往往在特定的领域或行业有深厚的背景，他们的职责不仅是提供基础的服务，更重要的是分析问题并提供专业的意见和建议。从客户的角度来说，金牌客服就像自己的顾问一样，在某个领域给自己提供全方位的帮助。要做好顾问的角色，客服不仅需要掌握基本的岗位知识和技能，还需要读懂客户心理，了解客户类型，从而针对客户个性化的需求进行精准服务。

微课视频
塑造顾问式专业形象

一、读懂客户购物心理

客户的心理是指在成交过程中发生的一系列极其复杂和微妙的心理活动，包括客户对产品、价格、服务等问题的一系列想法。客户基于自己的需求在购买行为上会产生很多心理上的想法，驱使自己采取不同的购物态度。它可以决定成交的数量，客服要对客户的心理高度重视，在沟通过程中读懂客户的心理。客户的心理包括以下几个方面。

1. 求实心理

客户的求实心理是指在购买过程中注重产品的实用性和性价比，更加关注产品的实际效用和价格等因素。这类客户更注重产品的性能、质量、价格等，追求性价比最优，希望能够得到物超所值的购物体验。他们比较关注细节，希望能够获得更加详细和全面的产品信息，从而做出更加明智的购买决策。他们也更加关注其他用户的评价和口碑，希望通过这些信息来了解产品的真实性能和质量。

在咨询服务时，他们通常会这样说或这样想：

这个产品的性能和质量怎么样？

价格有点贵，能不能再便宜一点？

有没有其他更实惠的选择？

这个产品的性价比怎么样？

这款产品的使用寿命有多长？

这个产品的售后服务怎么样？

有没有其他客户对这个产品的评价？

客服在服务这类客户时，要提供详细的产品信息、强调产品的性价比、重点强调优惠和促销等策略来满足他们的求实心理，提升这类客户的购买体验。

2. 求新心理

客户的求新心理是指客户在购买产品时，往往特别钟情于时髦和新奇的产品，即追求时髦的心理。他们不太关注产品是否经久耐用或价格是否合理，他们通过追求产品的时尚性来获得一种心理上的满足，在这种心理的左右下，客户对“新”产品表现出独特的喜好。

在咨询服务时，他们通常会这样说或这样想：

这个是今年的最新款吗？

这个是最新的技术吗？

这个我穿上显得潮流吗？

这个太没品味了，不适合我。

这个没个性，我喜欢有个性的。

你们今年的新款有哪些，推荐一下。

客服在服务此类客户时，可以向他们介绍最新、最时尚的产品，强调产品的独特性和新颖性，提供多样化的产品选择，并提供一些专业的建议和指导，来满足他们的求新需求。

3. 求美心理

这类客户在评价或购买产品时较为关注产品的风格和个性，注重产品的艺术价值以及对环境的美化作用，而且也关心产品的包装、款式、颜色、造型等欣赏价值。他们不仅要求产品质量可靠，同时也希望产品能够美化生活环境，带来精神享受。

在咨询服务时，他们通常会这样想或这样说：

这个产品实物跟图片一样吗？

这个产品效果好看吗？

这个颜色和款式适合我的年龄吗？

有商家的实拍图片吗？

这个质量虽然可以，但是不好看啊。

服务此类客户时，客服需要关注他们的审美需求并提供个性化的服务，可以优先推荐具有设计感、独特风格或精美包装的产品，同时，提供一些专业性的建议和指导，帮助客户更好地挑选符合自己需求的产品。

4. 求名心理

有求名心理的客户希望购买名牌产品或得到社会认可的产品，以彰显自己的社会地位或购买力。他们通常注重产品的品牌、知名度及售后服务等，认为名牌产品更可靠、更有保障，因此更愿意选择这些产品。

在咨询服务时，他们通常会这样说或这样想：

你们这个品牌没听过啊？

你们售后服务咋样啊？

其他客户的使用评价怎么样？

这个牌子没听过，不敢买啊。

客服面对此类客户时，可重点突出产品的品牌形象，并强调优质的售后服务，如专业的技术支持及退换货政策等，提高客户的购买信心。同时也要强调产品的高品质和可靠性，提供尊贵的购买体验，如 VIP 通道、专属客服、定制服务等。

5. 求廉心理

这类客户希望购买产品时获得价格优惠，以较少的金钱购买到更多的产品和服务，他们通常注重产品的价格、促销活动、折扣信息等。这类人群在选购产品时，往往要在同类产品之间进行仔细的价格比较，倾向选购折扣产品。

在咨询服务时，他们通常会这样说或这样想：

有没有打折或促销活动？

能不能打个折？

这个产品好像性价比一般啊。

我觉得价格有点贵。

这个还真是物美价廉啊。

客服面对此类客户时，要关注他们的价格需求和购买习惯，主动向客户介绍促销活动、折扣信息，可以利用捆绑销售等销售策略，如买一送一、满减等，以帮助客户获得更多的优惠，也可以提供额外优惠，以此来提高客户的购买欲望和满意度。同时也要注意持续跟进并提供专业的支持，如果客户对产品或服务、价格或促销等方面有任何不满或建议，客服应及时处理并为客户提供专业的解决方案。

6. 从众心理

从众心理是指客户在购物过程中，受到其他人的影响，而选择与大多数人相同的产品进行购买的心理状态。这种心理现象在网购中尤为常见，因为网络上的购物体验通常是个人独自进行的，难以获得他人的实时建议和评价，所以，他们倾向于通过观察他人的行为和评价，来评估产品的品质和价值，并且倾向于选择他人认可的产品。

在咨询服务时，他们通常会这样说或这样想：

很多人都买这个，看起来很受欢迎，我也试试。

好几个人给我推荐这个，应该是不错的选择。

我看评价还可以，应该可靠。

跟大家选择一样，应该不会错吧，毕竟这么多人都在买。

这个在你们店卖得好吗?

大家都在买，我跟着买总不会错。

面对此类客户，客服应主动推荐热门产品，同时介绍该产品的特点、优势和受欢迎程度，提供销量和评价数据，让客户了解到该产品的受欢迎程度和质量可靠，帮助客户消除疑虑，增加客户购买信心。

7. 安全心理

客户的安全心理指的是客户在进行购物时，对于产品、个人信息、财务安全及交易可靠性的担忧和关注。他们比较关注产品的真实性和可信度，担心购买到假冒伪劣产品或虚假宣传的产品，担心是否能够按时收到产品以及获得售后服务等。这类客户要求所购买产品在使用过程中及使用后都具有安全保障，尤其是食品、药品、洗涤用品、卫生用品等不能出现任何问题。他们非常关注食品的保鲜期、药品的副作用、洗涤品的化学反应、电器的漏电保护等，其在商家解说后才能放心购买。

在咨询服务时，他们通常会这样说或这样想：

这个产品的质量怎么样?

是正品吗?

如果购买的产品有问题，你们的售后怎么样?

这个产品婴儿使用安全吗?

这个有没有副作用?

这个设计足够安全吧?

针对此类客户，客服要向客户提供产品的质量保证，如正品保证、性能保证、退换货保证等，消除客户对产品质量和服务的疑虑。另外，客服要提供多种安全可靠的支付方式，严格保护客户的个人信息，提供完善的售后服务等。

8. 疑虑心理

疑虑心理指客户在购物过程中对产品的质量、性能、功效、售后服务等方面持有怀疑和不安的心理状态。这种心理状态通常源于客户对购物环

境的不熟悉、信任感缺失及对购物过程中可能出现的风险和不确定性的担忧。这类客户在购买产品时，对产品质量、性能、功效等持怀疑态度，担心产品不好使用，担心上当受骗，反复向客服询问，仔细地检查产品，并非常关心售后服务工作，直到心中的疑惑全部解除后才肯付款。

在咨询服务时，他们通常会这样说或这样想：

这个产品的质量怎么样？

是正品吗？

这家店铺的服务怎么样？如果产品有问题，能够很好地售后吗？

这个实物跟图片有差别怎么办？

这个产品性能不如他们说的那样怎么办？

这个产品有差评，可靠吗？

客服面对此类客户时，要重点解决他们的疑虑，拿出信得过的证据使其信服，如专家背书、客户好评、技术支持、无理由退换服务等，同时确保产品的详细信息准确，消除客户的疑虑，增加客户购物信心。

了解和利用客户的心理可以帮助商家提高转化率，增强客户忠诚度，提高品牌声誉，客服应该时刻关注客户的购物需求和心理需求，通过优化产品、提供优惠的价格和增加购买的便利性，增强客户购物时的信任感，从而提高客户的购买信心和满意度。

二、了解客户类型，掌握应对技巧

在客户服务中，了解和区分不同的客户类型，并知道如何区别应对，是提供优质服务的关键。不同的客户有不同的需求和偏好，了解客户的类型能帮助客服更好地了解客户的需求，有针对性地提供产品和服务，提高客户满意度和忠诚度。作为金牌客服，更需要了解客户的类型，并根据不同的客户类型提供不同的服务方案。根据客户跟客服沟通的特点和客户的购物心理，可将客户分为如下类型。

1. 非常有礼貌的客户

这类客户比较注重礼貌，也希望沟通对象有礼貌，他们通常表现出友好、合作和体贴的态度，他们可能会积极地与客服人员合作，以获取所需的信息或解决问题。他们的举止和态度表明，他们重视良好的客户服务体验，并愿意与企业建立长期的合作关系。

对于这类客户，客服应尽一切可能主动争取，防止客户流向竞争对手。

客服要像他一样有礼貌，在交谈过程中主动体现店铺的各方面优势。这类客户的应对原则在于主动。

2. 反复讲价的客户

这类客户对价格比较敏感，愿意花大量的时间和精力寻找价格更低的产品或服务，以节省开支，习惯与客服争取更大的让价。

对于这类客户，客服应不厌其烦，反复地向其介绍为什么没有打折；不能直接拒绝客户请求，要努力介绍产品与服务的其他优势方面，转移客户对价格的注意力；面对一直议价的客户，整个沟通过程应保持充分的热情和礼貌，让其感受到在其他商家那里感受不到的热情，不能心烦急躁，更不能冷漠对待。这类客户的应对原则在于坚持。

3. 初次网购的客户

初次网购的客户通常对产品和店铺有很多疑虑，他们可能会对产品的质量、售后服务、店铺的信誉等方面有所担心，他们由于第一次网购，需要客服的指导和帮助。

对于初次网购的客户，客服要用热情、专业和耐心来打消他们的顾虑，帮助他们获得满意的购物体验。客服要不厌其烦，尽可能地为客户讲解网购知识；主动关心并热情询问其问题是否已经解决。比如，教对方如何操作后，随后主动询问对方是否顺利操作成功，是否还有其他问题等。另外，客服也不要忽视通过留言与店铺交流的客户，如淘宝的微淘和问大家，这是初次网购客户可能会关注的地方，他们期望通过买过的客户的留言得到一些想要的信息。这类客户的应对原则在于感动。

4. 啰嗦型客户

一般这类客户话语较为冗长，会不自觉地重复相同的信息或细节，有时甚至偏离主题，他们难以抓住重点，可能会对细节过分关注，需要客服反复解释。他们有着强烈的表达欲望，喜欢主导对话，并希望得到细致的回应，他们对服务人员也比较依赖，相较于解决问题，他们可能更需要服务人员的耐心和时间，以充分表达自己的需求和困惑。

面对这类客户，客服首先不能因为忙而忽略这类客户，要有足够的耐心和技巧来应对。不要打断客户的话语，要尽可能地提供详细信息，让客户对产品有充分的了解，在回复时简化语言，突出重点，让信息更加简洁

明了。如果客户聊的是和交易完全无关的事情，而客服又比较繁忙，客服可以这样回复："亲爱的，我马上开一个临时的小会议，暂时离开十几分钟，等下回复您哈"；如果啰嗦的事情与产品和服务有关，则需要不厌其烦地解释和回应，使其感受到其他店铺没有的耐心和热情。这类客户的应对原则在于灵活。

5. 对商家充满怀疑的客户

这类客户一般对网络的信任度不高，怀疑产品质量，要求商家提供更多证据来证明产品的真实性和可靠性。他们对产品的价格也会持怀疑态度，认为价格过高或过低，需要进行更多的比较和研究，还会对交易方式、售后服务有所担心，希望商家提供更完善、更及时的售后服务保障。

面对这类客户，客服应该尽力提供详细、准确、清晰的产品和服务信息，以尽可能的透明度来帮助他们消除疑虑，同时也应该准备着回答任何可能的问题或疑虑，并提供额外的信息和支持，以增强客户的信任度，用诚恳和耐心、充分的事实证据逐渐打消客户的一切怀疑。这类客户的应对原则在于诚恳。

6. 蛮横无理的客户

这类客户通常较难沟通，还可能会表现出不尊重他人、缺乏耐心、要求苛刻、不理解他人、情绪不稳定、对服务不满意以及要求客服立即回应等。这类客户通常没有耐心等待排队解决问题，容易发起争执，他们往往难以理解他人的观点或意图，只坚持自己的看法，导致沟通缺乏效率。

面对这类客户，客服一定要保持冷静，保持积极有效的沟通，注意灵活地寻找解决问题的办法，不能被对方的情绪左右。必要的时候记录客户的问题，寻求上级的帮助。切记避免争吵，不能因为对方的无理就控制不了自己的情绪与其起争执，这样不利于解决问题。这类客户的应对原则在于冷静。

7. 不喜欢沟通的客户

这类客户通常是沉默寡言型性格，不喜欢说话，可能只会用简短的词语对话，在表达自己的观点或需求时，可能会含糊不清或重复表达，让人难以理解。他们尽可能地避免交流，甚至在进行对话时没有回应，不在意对话的内容，经常抓不住重点信息，同时缺少耐心。

面对这类客户，客服需要足够多的耐心，引导他们打开心扉，多使用开放式的提问让对方释放更多的信息。最重要的是客服要主动沟通，积极展现比其他商家更优秀的地方，不能因为对方没回复就沉默，否则会终止聊天。客服要保持思考，判断客户不沟通的真实原因，思考客户可能的意图和需求，要恰时试探，引导客户尽快购买。这类客户的应对原则在于主动沟通。

8. 专家型客户

这类客户通常表现出强烈的自我意识，他们认为自己对相关领域足够了解，有时甚至听不进他人的意见，认为自己绝对正确。他们可能会积极考察客服人员的知识水平，以确认客服人员是否值得信任。他们通常对产品有着深入的理解，在购物时更加注重产品的性能、品质、功能等内在因素，对外在因素如价格、包装等不太敏感。他们在购物前会进行详细的研究和比较，更倾向于选择专业性强、有品牌保证、用户评价高的产品。

在与专家型客户沟通时，客服人员应该提供专业、准确的产品信息，包括产品的性能、品质、功能等，以及产品的适用范围和使用方法等。要注意的是，在这类客户面前，千万不要班门弄斧，不懂装懂，以免引起客户不满。如果在产品方面没有优势，就展现服务优势。对他们要保持尊重，以情动人，客户觉得自己懂的很多，需要得到别人的肯定，而不是反对。这类客户的应对原则在于尊重。

9. 犹豫不决型客户

这类客户通常表现得不够自信，他们可能对产品并不够了解，或者因为面对太多的选择而感到迷茫。他们可能需要更多的信息和建议来做出决定，但是他们又会因为担心做出错误的决定而不敢轻易购买。

对于这类客户，客服人员可以主动提供帮助，为他们提供详细的产品信息，解答疑问，并给出合理的购买建议。同时，客服人员也可以通过一些话术来增强他们的信心，例如强调产品的品质保证、售后服务等，以帮助他们克服购买障碍。此外，客服人员还可以根据客户的需求和偏好，提供一些个性化的建议，例如个性化推荐适合他们的产品或给出搭配建议等，以帮助他们更好地选择适合自己的产品。这类客户的应对原则在于帮助。

三、塑造客户顾问身份

顾问式服务是一种服务者以顾问的形式帮助客户解决相关咨询问题的方法，它将“表层式服务”提升到“诊断式服务”。金牌客服本身拥有专业的知识和技能以及良好的沟通能力，为了更好地服务客户，提高客户的满意度，应利用自己的优势，塑造自己的顾问身份，成为客户的“管家”，将客户服务做到极致。

首先，充分利用自身的专业知识和技能，这也是顾问式客服最基本的条件。如果没有过硬的岗位知识和技能，就无法完成作为金牌客服的基础服务工作，更不用谈做客户的顾问了。作为客户顾问，首要任务是为客户提供专业知识和技能。这些知识包括客服的工作流程和内容、产品知识、行业知识、平台操作知识、法律法规知识；相关技能包括沟通能力、解决问题的能力、客户服务的技巧、平台操作能力、语言表达能力、数据分析能力、团队协作能力等。客服在与客户交流时，需要充分了解客户的需求和问题，并提供针对性的解决方案。对于客户需要了解的产品或服务，要能够提供详细、准确、客观的信息。同时，要不断提升自己的专业技能水平，不断学习和掌握新的产品和服务知识，以满足客户日益增长的需求。

其次，利用自身掌握的客户信息，分析客户心理，掌握不同客户的不同需求，提供个性化的服务方案，为客户提供顾问式服务，让客户感受到“专属”待遇。在了解客户的基本情况后，分析客户的服务需求和问题，提出切实可行的服务方案，并针对不同客户的需求和问题，提供个性化的建议和服务。同时，还要关注方案的可行性和效果，确保客户能够得到最好的解决方案。客服还要持续跟进客户的反馈和意见，及时了解客户的需求和变化，并做出相应的调整。要主动与客户保持联系，积极回访和跟进客户的反馈和意见，确保客户能够得到最好的服务体验，感受到“私人管家”式的服务。

最后，给客户营造顾问式服务形象，让客户主动把你当成他购物时的顾问。客服可以从接待时就告诉客户：“亲亲，您好，欢迎光临，我是您的顾问小伍，现在能帮您做什么？”，让客户感受到他此时购物是有专业的顾问为他服务的，后续有问题时就会主动找到客服，提前售后，避免售后问题，提升客户满意度。当客户咨询后或者加购后却没有下单或付款时，客服也可以主动询问：“亲亲，有您满意的宝贝吗？您今天主要想买什么类型的呢？顾问小伍一直在呢，有问题您随时呼叫我哈”，提示客户可以随时进入顾问式服务。

总之，塑造客户的顾问身份不但需要过硬的专业知识和技能，而且需要在形式上营造顾问式服务的氛围，从形式和内容上将顾问式服务执行到底，给客户管家式的服务体验。

任务二 打造金牌客服心态

打造金牌客服心态

对客服岗位来说，心态是非常重要的，很多人由于心态不好接受不了做客服岗位所受的“委屈”，而选择放弃这个岗位。由于客服整天会面临形形色色的人，不同的人对服务有不同的要求，难免会碰到要求高，甚至是苛刻的客户，特别是对于售后客服，面临的又多是维权的客户，态度和情绪都不稳定，客服难免成为一部分客户的“出气筒”。但是，作为专业的职业人，不能因为客户难服务就放弃自己的职业生涯，而是要学会调整心态，适应工作环境，将不利的工作条件扭转为对自己有利的工作条件。同时，心态也决定着客服级别，只有有着良好心态的客服，才能一步一步成为金牌客服。

客服可以从寻找工作价值感、营造舒适的工作条件、向优秀榜样看齐等方面打造自己良好的工作心态，从而走向更广阔的职业发展之路。

一、寻找工作价值感

工作的价值感是一种主观感受，它指的是个人在自己所从事的工作或职业中，认为自己的工作有意义、有价值，并且能够深刻理解和体验到这种有价值的感觉。客服从业人员如果能找到自己客户服务工作的成就感和价值感，便有利于心态上的平衡，帮助自己更好地应对工作。客服可以从以下几个方面培养自己的职业成就感和价值感。

1. 明确工作目标

客服岗位要求每个从业者都要充分明确岗位目标，这些岗位目标有利于客服朝着正确的方向努力。客服人员在工作中，可以用工作目标时刻提醒自己，一切为了客户满意、为了店铺的成交、为了店铺品牌形象，还要明白这些目标的重要性和意义，这些目标的达成就是岗位价值的体现，也是自己职业成就的体现。

2. 寻找工作中的成就感

寻找工作中的成就感即通过完成工作任务和目标，获得成就感和满足感，以及获得来自领导和同事的认可和赞扬。当个人在工作中完成任务或

实现目标时，会感到成就感和满足感，这种感觉可以让人更加自信和有动力，从而减弱不好的情绪对自己心态的影响。客服应该明白，店铺的销量、满意度的提升和改善，都离不开客服的努力工作，客服是店铺运营不可或缺的重要岗位，没有客服，店铺就无法正常运营。正是有了客服专业的服务，才有了店铺良好的销量、较高的转化率、客户对店铺和品牌的认可。

优秀的客服通过提供专业的咨询和解决方案，帮助客户解决购物过程中的问题，提高客户满意度和忠诚度，从而实现了客户价值。

优秀的客服通过专业的咨询和推荐，能够让客户更加了解和信任公司的产品和服务，从而提升销售转化率，为公司创造更多的商业价值。

优秀的客服作为公司与客户之间的桥梁，通过建立良好的客户关系，为公司树立良好形象，提高客户忠诚度和品牌价值。

优秀的客服通过专业的服务，使消费者对公司的品牌更加认可和信任，提升了公司的品牌形象，从而促进了公司业务发展。

3. 应用独特技能

当个人在工作中应用自己独特的技能和知识时，会感到自己的工作具有挑战性和创造性，从而增强自己的价值感。客服人员要不断学习和提升自己的职业技能，使自己在工作中更加自信。当客服通过发掘自己独特的技能，帮助自己提高工作效率、解决疑难问题，还能帮助到客户或同事时，这种职业技能带给你的成就感和自信感是工作价值最好的体现。

4. 贡献社会价值

当个人在工作中为社会做出贡献时，会感到自己的工作有意义和有价值，从而增强自己的工作价值感。电商客服岗位通过专业的咨询服务，为消费者提供方便和保障，提高社会的消费水平和质量，为社会创造了更多的价值。另外，电商客服在电商生态系统中扮演着重要的角色，它通过与供应商、物流等其他环节的协调和沟通，有助于实现整个电商生态系统的优化发展。

5. 自身职业发展和成长

个人在工作中不断学习和成长，会感到自己的能力和价值不断提升，从而增强自己的价值感。客服人员做好当下工作的同时，也要关注自身的职业发展和成长，为自己的职业发展添砖加瓦。

二、营造舒适的工作环境

舒适的工作环境能让身心放松，以更好的心态投入到工作中去。客服人员可以根据自己的喜好，优化自己的办公环境。例如，调整合适的座椅尺寸、摆放自己喜欢的绿植鲜花或摆件，在工作中能时刻看到自己喜欢的各种元素，可以适当消除工作带来的负面情绪，平稳心态。

另外，舒适的工作环境还包括融洽的同事关系。客服不是独立单一的岗位，而是以团队形式存在的，客服人员需要跟其他部门沟通、协调，融洽的同事关系不但能让沟通效率提高，还能让人感受到身心放松，助力客服心态的平衡。

在工作中，客服要以积极的态度对待工作和同事，展示友善，用积极的态度感染他人，促进和谐的氛围；与同事进行积极的交流，并尊重彼此的观点和意见，鼓励开放和坦诚的对话，并寻求共识和妥协；尊重差异，对于同事的个性和工作方式，要认识到并尊重这些差异，增加团队的包容性和合作性；分享知识和经验，并提供支持和帮助，通过互相学习和成长，增强团队的凝聚力；参加团队活动，加强与团队其他成员之间的关系；当出现冲突时，要冷静处理，并与同事进行开放和诚实的对话，寻找解决问题的办法，避免矛盾升级；在与同事交往中，要保持诚实，避免背后谈论或中伤他人，始终保持良好的信誉。

三、向优秀榜样看齐

每个团队里，都有值得学习的榜样，这些榜样能让我们树立更强的职业目标。榜样的优秀品质总是相似的，朝着这个方向努力，力争向榜样看齐，有了这种心态，不但能帮助你更好地工作，还能助力你的职业发展。细心观察，优秀榜样的身上都有以下特点。

（1）积极乐观。无论遇到什么问题，他们总能以积极的心态去应对。这种态度会感染客户，使他们感受到被关注和被支持。

（2）持续学习。他们总是不断学习新知识，以更好地了解客户需求，提供高质量的服务。

（3）灵活应变。在工作中，遇到各种不同的情况，他们总能灵活应变，快速解决问题。

（4）客户至上。他们始终将客户的需求置于首位，以客户为中心，全心全意为客户服务。

（5）同理心。他们总是站在客户的角度考虑问题，理解客户的感受和需求，以增加客户满意度。

（6）高度的责任感。他们对工作负责，认真对待每一个客户、每一次服务。

（7）善于沟通。他们有着优秀的沟通技巧，能够有效地与客户进行沟通，明确客户需求，并解决他们的问题。

（8）耐心细致。他们在处理客户的问题时，有足够的耐心和细心，确保问题得到圆满解决。

（9）诚信守信。他们对客户保持诚信，遵守公司的服务承诺，赢得客户的信任。

（10）团队协作。他们能与团队成员紧密合作，共同提升客户服务质量。

任务三　打造金牌客服学习力

微课视频

打造金牌客服学习力

作为一名优秀的金牌客服，其学习能力对于提高客服的服务质量和效率具有重要意义，学习能力是作为金牌客服的必备能力之一，只有不断学习，才能适应和满足行业和客户不断变化的需求。

首先，客服人员需要与时俱进，了解最新的行业动态和技术革新，以便更好地提供服务和解决问题。随着电商行业的迅速发展，技术的不断进步和市场竞争的日益激烈，电商平台的功能和服务也在不断更新和改进。只有通过不断学习，客服人员才能跟上变化的步伐，为客户提供准确、及时的帮助和服务。

其次，客服人员需要具备广泛的知识和技能，电商客服工作不仅仅是简单回答客户的问题，还需要具备一定的产品知识、销售技巧、沟通能力等。通过不断学习，客服人员可以提升自己的专业素养，更好地理解产品和服务，从而更好地满足客户的需求。

最后，不断学习可以提升客服人员的自信心和职业发展空间。通过学习，客服人员可以不断提升自己的知识水平和技能，增加自己的职场竞争力，这不仅有助于客服人员完成更好的绩效，还为他们的职业发展提供了更多的机会。优秀的客服人员往往能够得到更多的职场机会和职业发展空间。

通过不断学习和提升自己的服务能力，客服不仅可以提高自身的职业素养和技能水平，获得更好的职业发展，还可以为客户提供更优质的服务，为企业创造更多价值，实现个人和企业的共同发展。想成为优秀的金牌客服，需要在工作中不断学习、不断总结，制订适合自己的学习计划，不断提高自身职业素养和能力。除了参与公司安排的培训学习计划，客服人员还可以从横向知识体系、纵向知识体系和多维职业素养三个方面总结和制订适合自己的学习计划和发展计划。

一、构建横向知识体系

1. 电商客服的横向知识体系

电商客服的横向知识体系主要包括以下几个方面。

（1）商品知识。商品知识包括商品的种类、材质、尺寸、用途以及注意事项等，对于商品的使用方法、洗涤方法、修理方法、使用禁忌等，客服也需要熟知。

（2）商品周边知识。不同的商品可能会适合不同人群，例如化妆品，有皮肤类型的问题；内衣类产品，因不同年龄、不同的生活习惯都会有不同需求；玩具类产品，存在年龄适用问题，有些玩具不适合太小的儿童，有些不适合太大的儿童等。这些基本的商品周边知识、延伸知识，客服都需要知晓。此外，客服也需要对同类的其他商品有所了解，这样在回复客户关于不同类商品的差异时，就可以更好地回复和解答。

（3）网站交易规则。学习网站的交易规则，以便更好地把握自己的交易尺度。例如，对于淘宝的交易规则，客服应该把自己放在一个买家的角度来了解，从而更好地了解客户的需求和交易流程。

（4）物流及付款知识。物流及付款知识包括付款方式及不同邮寄方式的价格、速度和联系方式等。

2. 构建横向知识体系的渠道

客服人员可以从以下几个渠道学习、构建自己的横向知识体系。

（1）在岗前、岗中参加公司岗位培训。公司岗位培训内容包括商品知识、销售技巧、工作流程等。客服要积极参与、重视这些培训，并学会根据学习情况和工作经验进行总结和再学习。

（2）阅读相关书籍和文章来扩充自己的知识储备。客服可以在书店或者网上购买相关书籍，关注行业内的专业网站，订阅相关的电子杂志和新闻，以获取更多的知识和信息，并应用到日常工作中。

（3）学习网络上电商客服的在线课程。这些课程涵盖了电商客服需要掌握的大部分知识。客服可以根据自己的需要和兴趣选择相关的课程进行学习，并结合自己岗位的工作内容进行融会贯通。

（4）建立自己的知识库。客服人员将学习和工作中获得的知识、经验和技能进行整理和归纳，以便更好地运用和分享。可以建立自己的知识管理系统，将信息进行分类、储存和管理，方便随时查阅和再学习。

（5）参与团队学习和分享。客服人员与同事共同探讨服务难题和解决方案，提升自身服务能力的同时也提升了整个团队的服务能力。

二、构建纵向知识体系

1. 电商客服的纵向知识体系

电商客服的纵向知识体系主要包括以下几个方面。

（1）行业知识。行业知识主要包括产品所在行业的市场情况、竞争对手及情况、行业趋势等。

（2）销售知识。销售知识主要包括销售流程、促销活动、销售政策、销售技巧等，客服掌握此类知识可以更好地服务客户和推动销售业绩。

（3）客户关系管理知识。客户关系管理知识主要是客户关系管理系统的使用，包括客户信息管理、客户分类管理、客户价值管理、销售数据分析和客户满意度调查等。

（4）售后服务知识。售后服务知识主要是售后服务流程、退换货政策、维修保养政策等，客服掌握这类知识可以更好地为客户提供优质的售后服务。售后服务知识不仅仅是售后客服应掌握的知识范围，作为售前客服，也需要掌握一定的售后知识，以便客户有需要时，可以直接获得答复和解决方案。

（5）语言沟通能力。语言沟通能力主要是口头和书面表达能力，良好的语言沟通处理能力可以更好地帮客户解决问题，还可以减少不必要的纠纷。

（6）互联网知识。互联网知识主要是互联网的基本知识和应用，包括网页设计、网络营销、搜索引擎优化等，这类知识可以更好地服务客户和推动销售业绩。

（7）产品研发知识。产品研发知识包括产品规划、设计、制造、质量等方面的知识，客服了解产品研发的基本知识和流程，能帮助自己更好地理解产品、提供个性化服务、展示客服专业度。

2. 构建纵向知识体系的渠道

客服人员可以从以下几个渠道学习、构建自己的纵向知识体系。

（1）参加行业会议和展览。参加行业会议和展览是了解行业趋势、学习同行经验、扩展知识的好机会。在这些会议和展览上，客服人员可以与行业内人士交流和分享经验，了解最新的市场动态和前沿技术，可以积累更多的经验和资源。

（2）深入研究客户需求。深入研究客户需求是将平时的学习积累进行再度深入探究，从而进行实际落地，精准明确客户对产品的关注点、购买决策过程和购买心理等。客服可以通过客户调研、数据分析、客户反馈等方式来深入研究客户需求。

（3）注重销售技能提升。销售技巧和谈判技术的学习是无止境的，作为优秀的金牌客服，需要不断学习和提升此类知识和技能，增强自己的核心竞争力，可以通过参加培训、阅读书籍、与同事交流探讨等方式来获得。

（4）总结实践经验。在平时工作中注重积累、总结工作中遇到的服务难题和服务技巧，进行总结归纳，整理成知识手册，以备后续工作借鉴、参考。

三、构建多维职业素养

1. 电商客服的多维职业素养

电商客服的多维职业素养主要包括以下几个方面。

（1）良好的心理素质。良好的心理素质包括处变不惊的应变能力、挫折打击的承受能力、情绪的自我掌控及调节能力等。客服要具备良好的心理承受能力，以保证在面对工作压力和挫折时能够保持冷静、积极应对。

（2）优秀的品格素质。优秀的品格素质包括忍耐与宽容、热爱企业与岗位、态度谦和、不轻易承诺、积极进取、永不言败等，这些优秀的品格素质能让客服保持良好的职业形象。

（3）专业的技能素质。专业的技能素质包括丰富的产品知识、行业知识及经验、熟练的专业技能、敏捷的思维、良好的观察力和洞察力等，客服只有专业技术过硬才能提供高质量的客户服务。

（4）其他综合素质。其他综合素质包括良好的人际沟通能力、解决问题的能力、创新能力、自我学习能力等，这些能力可以帮助客服更好地完成工作任务并提升个人职业能力。

2. 构建多维职业素养的渠道

客服人员可以从以下几个渠道塑造、构建自己的多维职业素养。

（1）加强心理素质培养。通过学习压力管理和情绪调节技巧，提高自己的心理素质，在工作中紧盯自己的工作目标和职责，努力克制自己的不良情绪，不要将不良情绪带到工作中去。通过观察和反思，了解自己的情绪类型和情绪状态，并学会调控自己的情绪。在面对工作压力和挫折时，改变思考方式，培养积极心态，保持冷静、积极应对，关注问题的本质和原因，并且坚持不懈地追求目标。

（2）注重培养优秀的品格素质。在工作中，重视自身优秀品格的养成，以高标准要求自己，遵守职业道德，保护客户隐私。同时，在工作中展现出诚信、负责、专业、热情、友好、积极、勤奋的形象，赢得客户和同事的信任和支持。

（3）不断提高专业水准。不断学习专业知识，包括产品知识、行业知识、销售技巧、沟通技巧、售后技巧等。在工作中，抓住每一次学习和交流的机会，努力提升岗位技能，更好地理解客户需求，提供专业的优质服务，增强自身的职业成就感和自信感。

（4）培养创新能力。学习创新思维方法，如头脑风暴法、奥斯本法则等，帮助拓展思维，激发创新潜能。关注行业前沿信息，不断探索新的服务模式和方法，了解最新技术、产品和营销策略，以激发创新灵感，并将这些元素融入到工作中，以更好地满足客户需求。同时，要不断学习新技术、新工具，并将创新应用于实际工作中，提高工作效率和质量。

（5）增强团队协作能力。积极与本部门和其他部门的同事合作，共同完成工作任务。在团队中，要善于沟通、协调和合作，建立良好的工作关系，提高团队的工作效率和质量。

（6）培养自我学习能力。不断培养自身的学习能力，制订学习计划和学习目标，提高学习效率和效果，抓住每一次的培训学习机会、分享交流机会。做到知识的融会贯通、综合运用，善于自我反思和总结，完善学习能力。通过学习新知识、新技能，不断适应市场的变化和发展趋势，保持竞争优势。

项目小结

本项目从客服如何读懂客户心理，掌握对不同客户的服务技巧，如何打造良好的服务心态和学习能力等方面阐述了金牌客服职业素质的养成。具备了这些优秀的职业素质和能力，能帮助客服提高工作效率，走向更好的职业发展之路。以下是本项目的主要知识点总结。

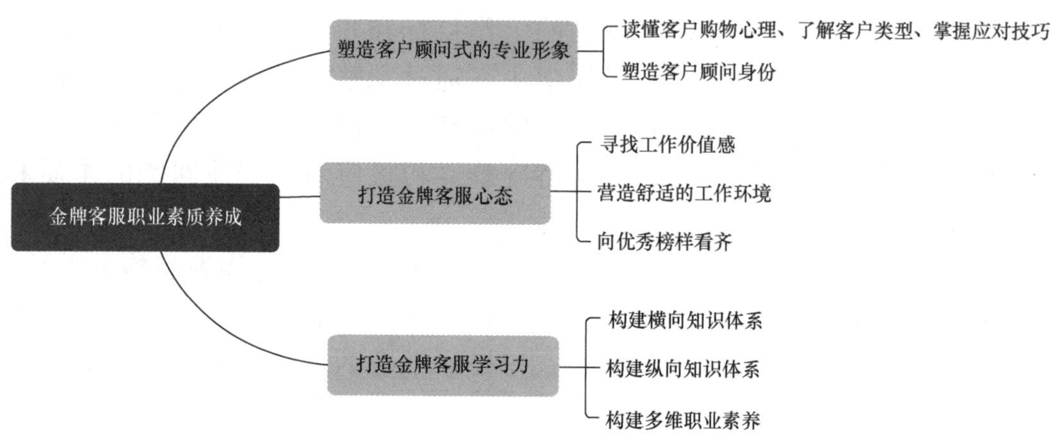

项目实训

为了更好地帮助大家理解和掌握本项目的学习内容，本环节特设置了以下实践训练任务，旨在帮助学习者更好地掌握本项目相关知识和技能。

实训目标

1. 掌握不同类型客户的应对技巧。
2. 掌握客服心态调整的方法。
3. 掌握客服学习力提升的方法和渠道。

实训要求

1. 能根据客户话术，判断客户类型，提出应对措施。
2. 能意识到心态对客服工作的重要性，掌握调整心态的一些方法。
3. 能寻找合适的客服知识学习渠道和方法，制订合适的学习计划。

实训内容

1. 请根据以下服务语境，分析、判断客户类型，设计对应的客服话术，填写在表 7-1 中。

表 7-1　客服话术设计

服务语境	客服话术
这个太贵了，便宜点吧。	
你们这个能保证是正品吗？	
感觉这两款都行，都差不多，不知道咋选了。	
上次买的时候还是 88 元呢，今天就变成 99 元了呢？我是老客户，还按之前的价格吧。	
我看你说的这款销量一般啊，不太多。	
你们是发什么快递？能发顺丰吗？我需要你们发顺丰快递。	

2. 小伍的团队成员小宋，刚入职三个月，最近碰到一些不太好服务的客户，心态一度消极，负面情绪很多，于是，他找到了小伍，让小伍给他一些建议，帮助他走出负面情绪状态。请你以小伍的身份，试着开导小宋，罗列一下跟小宋沟通的大概框架和内容，并以思维导图的形式展现出来。

3. 小伍虽然取得了一些岗位上的成绩，但他并没有满足现状，他想继续努力进取，所以，他准备为自己制订下一步的职场提升计划，包括知识技能提升计划和职业素质养成计划。请你为小伍提供一些学习资源，可以是网址、视频、书籍等。

★ 素养小课堂

三人行，必有我师焉。

温故而知新，可以为师矣。

先处理心情，再处理事情。

售后处理一半是技术，一半是艺术。

技术上追求精益求精，服务上追求全心全意。

兵无常势，水无常形，能因敌变化而取胜者，谓之神。

创新是一个民族进步的灵魂，是国家兴旺发达的不竭动力。

项目八

客服团队管理

学习目标

知识目标

1. 了解常见电商客服岗位的薪资构成。
2. 掌握电商客服团队绩效管理。
3. 熟悉电商客服团队日常工作管理。
4. 掌握电商客服团队培训管理。

技能目标

1. 能配合电商客服团队的管理工作。
2. 能进行电商客服团队管理。

素养目标

1. 培养合作互助、团结友爱的团队意识。
2. 构建全面考量、全局观念的系统思维。

情景导入：阅故事，懂职场

客服小伍的职场腾飞记——第八集：路在继续

在小伍任职客服一组主管的这几个月里，他第一次感受到了管理在团队中的重要性，他发现管理好团队需要的不仅仅是知识和技能，更重要的是管理的方法、技巧和管理人员的人格魅力。他担任主管的这些日子里，经历了团队绩效的不稳定、团队人员的流失、成员之间的矛盾等问题，这些经历让他发现：带好一个团队不容易。

他依托以往的经验，不断总结和分析客服团队出现的问题，结合以前参加管理培训的知识，他发现所有问题都是可以解决的，而且团队里一些负面的影响和情绪不能任其发展，要尽快想办法解决。于是，他同二组的主管进行了多次沟通，将两个团队近期出现的不太好的负面影响一一分析，希望能根据目前公司客服部的情况，商讨出一些新的客服部管理措施。他们重新梳理了客服团队的绩效考核方案、培训方案、激励方案等，针对不太适用的规定进行分析，提出改进方案。

同时，小伍将自己所学的管理学知识跟公司客服团队的情况进行了结合，他发现客服部的整体工作效率还可以再提高，离职率也可以通过一些办法降低。比如，公司很多客服离职是由于上班时间不够灵活、通勤时间长等客观原因。他在想，客服部某些员工是否可以采取灵活上班的工作形式？客服的外包团队一直以来的投入产出比都比较低，是否考虑去掉？他认为，客服团队的管理终究还是要公司自己管理，外包不是很好的办法。

小伍的客服路，还在继续……

项目导读

电商客服团队管理指的是通过一系列措施，对电商客服团队成员进行指导和协调，通过有效的团队管理，提高客服团队人员的工作效率和质量，增强客户满意度和忠诚度，最终促进电商业务的发展。客服团队管理是客服管理人员的日常重要工作，它主要包括对客服人员和客服业务的管理。本项目将从客服薪资结构管理、客服绩效管理、客服团队日常工作管理和客服团队培训管理四个方面阐述客服团队管理。

任务一 掌握电商客服薪资结构管理

电商客服薪资结构管理是指对电商客服人员的薪资水平和组成进行管理和调整的过程。薪资结构管理涉及薪资水平的确定、薪资构成设计、薪资调整和薪资福利等方面。

合理的薪资结构能够吸引并留住优秀的客服人员，有利于公司建立稳定的客服人才队伍，提高整体服务水平。薪资结构的管理和调整，旨在提高员工的薪资竞争力，激励员工的工作积极性，提高企业的员工满意度，促进员工的职业发展。企业需要综合考虑员工的需求和企业的实际情况，确保薪资结构的合理性和公平性。

一、客服常见薪资结构介绍

客服常见薪资结构通常由基本工资、绩效奖金和其他福利组成，如图 8-1 所示。基本工资是客服人员的固定薪资，根据工作经验、岗位等级和地区不同可能有所差异，一般较为稳定。绩效奖金则根据个人的业绩表现来衡量，如客户满意度、处理问题的效率和销售额等。客服人员的销售业绩，可以按照一定销售比例享受销售提成，绩效奖金的多少往往根据客服的绩效评估来决定，表现优异的客服往往能得到更高的绩效奖金。此外，一些公司还可能提供其他福利，如全勤奖、岗位津贴、加班补贴、餐费补贴、住房补贴、员工购物折扣等。这些福利的具体标准和发放方式可能因公司而有所差异。

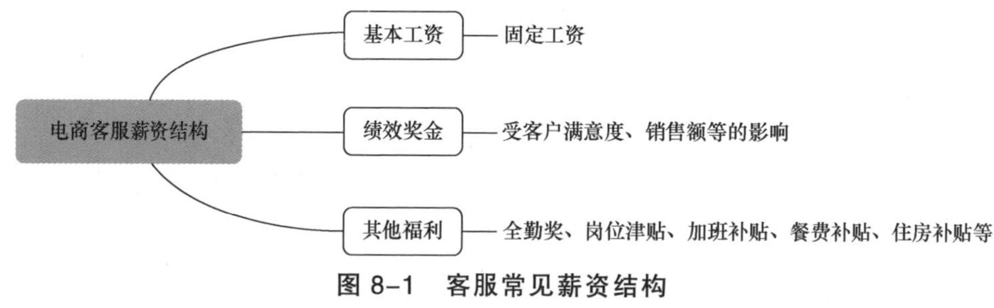

图 8-1 客服常见薪资结构

需要注意的是，不同电商企业的薪资结构可能会有所差异，还会受到所在地区的经济水平和企业规模等因素的影响。同时，客服人员的薪资结构也会随着工作年限增加和职位提升而变化。

二、优化薪资结构，提高员工满意度

客服薪资的结构不是一成不变的，通常会根据企业不同的发展阶段和客服团队的业绩变化进行调整、优化。通过优化客服团队的薪资体系，管理人员可以更好地管理和激励客服人员，提高员工的满意度和工作积极性，从而实现业务的持续发展。

1. 客服团队薪资结构优化的内容

（1）岗位定级和薪酬等级。根据客服的工作内容、职责和能力要求，对不同岗位进行定级，然后确定相应的薪酬等级。可以参考行业内的平均薪资水平和竞争对手的薪酬情况进行比较和分析，以确保薪资水平具有市场竞争力。

（2）绩效评估和薪酬激励。通过设立绩效评估体系，对客服人员的工作表现进行评估，根据评估结果给予相应的薪酬激励，如年度奖金、销售提成等。可以根据工作岗位的特点，设置不同的薪资组成比例，以激励员工提高绩效。

（3）薪酬调整和晋升机制。根据客服人员的工作表现、工作年限、市场薪资水平的变化等因素，对薪酬进行定期或不定期的调整。薪资调整可以分为年度调整和个别调整两种方式，年度调整可以根据公司的绩效评估结果进行，个别调整则是针对个别员工的情况进行的。同时制定晋升机制，提供公平合理的晋升机会和条件。

（4）福利待遇和福利调整。除了基本工资外，还需要考虑提供一些福利待遇，如补贴、奖金、员工购物折扣等，同时，要根据公司财务状况和市场变化，及时调整福利待遇。

（5）职业发展和培训机制。为客服人员提供职业发展和培训机会，例如，提供技能培训、管理培训等，帮助客服团队成员提升自身能力。通过提升客服人员的技能来提高其薪资水平，可以设置不同级别的职业晋升路径和培训计划。

（6）设立激励机制。可以设置员工荣誉榜、优秀员工奖励、业绩竞赛奖等，鼓励员工积极投入工作并提供卓越的客户服务。除薪资外，还可以提供多元化的激励方式，如员工股权激励、员工认可机制、灵活工作时间等，以满足不同员工的激励需求。

（7）加强员工沟通和参与度。建立开放和透明的沟通机制，定期听取员工的意见和建议，关注员工的工作体验和需求，并积极回应和改进，增强员工的归属感和工作动力。

2. 客服团队薪资结构优化的原则

此外，在电商客服薪资结构优化中，还要注意符合当地法律法规的要求，确保薪资结构的公平性和合理性。在进行薪资结构的调整和优化时，需要考虑公平性、比较性、透明性、激励性、与工作的匹配度等原则。

（1）公平性。公平性是指一个员工的薪酬应该与他对工作的投入相关，这种相关性是通过与他人进行比较得出来的。员工对薪资等级和结构的公平性和公正性非常敏感。如果员工认为自己的付出没有得到应有的回报，或者与同事之间的薪资差距过大，会感到不公平和不满。

（2）比较性。员工通常会将自己的薪资与同事、同行或者市场上的其他人进行比较。如果公司的薪资水平低于市场平均水平或者员工认为自己的付出得不到应有的回报，可能会对薪资等级或结构产生不满。

（3）透明性。如果公司的薪资不够透明，员工可能会对公司的薪资决策产生疑虑和不满。员工希望知道他们的薪资是如何决定和分配的，这样可以帮助他们更好地理解公司的价值体系和薪资结构。

（4）激励性。合理的薪资等级和结构应该能够激励员工努力工作，同时也要考虑到员工的个人能力和绩效。如果薪资结构没有激励机制，员工可能会失去动力和目标，导致工作业绩下降。

（5）与工作的匹配度。薪资结构应该与员工的工作性质、职责和贡献相匹配。如果员工的薪资与他们的工作不匹配，员工可能会感到不满和不公正。

总之，合理的薪资等级和薪资结构是提高员工满意度和工作积极性的重要因素之一。公司应根据实际情况，综合考虑各种因素，采取相应的措施来优化薪资结构，提高员工的满意度和工作积极性。在制定和调整薪资结构时，要根据相关法律法规和人力资源管理的规定，建立完善的薪资管理制度和绩效考核机制，以确保薪资管理的规范性和有效性。同时，还要关注福利待遇、员工反馈等关键因素，以提高员工的参与度和认可度。客服管理人员应根据实际情况，配合公司做好客服团队的薪资等级和薪资结构的制定、调整和优化。

任务二　掌握电商客服团队绩效管理

电商客服团队的绩效管理是指通过设定目标、评估绩效和提供激励措施来衡量和提升客服团队的表现和业绩的过程。绩效管理的目的是确保客服团队能够高效处理客户问题、提供卓越的客户服务，并为公司带来利润。以下从客服团队绩效管理的目标、绩效考核体系优化、客服晋升路径、客服团队的奖惩机制等方面阐述客服团队绩效管理。

微课视频

客服团队绩效管理

一、设定明确的绩效目标

明确的绩效目标能让团队和个人清楚努力的方向，帮助管理者和个人衡量团队或自身的工作效率和成果，并激励团队成员更加努力地工作。这些目标包括客服岗位绩效目标、团队绩效目标和个人绩效目标。在设定绩效目标时，可以考虑以下绩效指标。

（1）客户满意度。这是非常重要的一个指标，该指标可以通过调查客户评价等获取。比如，可以设定“提高客户满意度 10%”，以鼓励客服人员提供更好的服务。

（2）响应时间。这是对客服团队最直接的衡量标准，可以设定一个首次响应的标准，比如“在 10 秒内回复所有客户消息”，以鼓励客服人员尽快回复客户，给客户提供良好的服务体验。

（3）销售业绩。销售业绩是体现客服人员销售成果的指标，对店铺成交量和转化率都有着直接的影响。比如，可以设定“提高销售业绩 15%”或“完成××元销售额”等目标来衡量客服人员的销售业绩完成情况，以激励客服人员提供服务的同时，注重店铺转化率，达到更好的销售结果。

（4）投诉处理。这也是一个重要的指标，可以反映客服团队对客户不满的处理情况，比如，可以设定“减少客户投诉率 10%”，以鼓励客服人员更好地处理客户投诉。

（5）首次解决率。追求在第一次接触就解决客户问题的比率，可以通过需要转接的次数来衡量。比如，可以设定“提高首次解决率 20%”，以鼓励客服人员更好地解决客户问题。

（6）平均处理时间。客户的问题包括产品相关问题、售后服务问题等，这个指标可以激励客服人员提高处理客户问题的效率和质量。

（7）培训和发展。为了提高客服团队的效率和满意度，可以将培训和发展作为绩效目标之一。比如，可以设定"每位团队成员每年接受两次培训"，以鼓励客服人员不断提高自己的业务能力。

以上是一些常见的绩效目标的制定依据，可以根据电商企业具体情况和经营策略进行调整。设定绩效目标最重要的原则就是创造一致利益，即制定目标时，要考虑团队和个人的利益同时实现，这样才有利于团队成员为了共同的目标而努力。同时，设定目标时应考虑团队规模、业务量、客户群体特点等因素，确保目标的合理性和科学性，目标应是明确的、可衡量的、可实现的、有时限的。绩效目标可以有月度目标、季度目标和年度目标等。

二、不断优化绩效考核体系

客服团队绩效考核的标准和维度并不是一成不变的，需要根据公司战略目标的调整、团队人员的变化等变量因素进行及时的调整、优化，以保证现有的绩效考核体系满足团队发展的需要。在调整和优化绩效考核体系时，需要注意合理的目标调整、科学的评估方法、合理的奖励机制、员工的绩效反馈和沟通、定期审查和更新、确保公平、进行绩效管理培训等。

当绩效考核的目标不能服务现有的绩效管理或现有的组织战略时，应及时进行调整和优化，并确保所有员工都了解这些新的目标。目标应该与组织战略和业务目标保持一致，并应该具备可衡量性、可达成性和相关性。

当现有的绩效评估方法有失偏颇或不全面时，要考虑重新采用科学的、平衡的评估方法。为了全面评估员工绩效，应采用多种评估方法。这包括定期的自我评估、同事评估、上级评估及客观的业绩指标评估等。同时，也应该根据不同职位和工作性质制定个性化的评估标准。

当现有的激励措施不能起到激励团队或员工的作用时，应重新考虑新的激励方案，并设定合理的奖励机制。为了激励员工，应设定合理的奖励机制。这些奖励可以包括奖金、晋升机会、培训及其他福利。同时，也应该确保奖励机制公平、透明，并与员工绩效紧密相连。

在整个的绩效管理过程中，都应定期与员工进行绩效反馈和沟通，确保员工了解自己的工作表现及如何改进。这可以帮助员工提高工作效率，同时也可以增强员工的忠诚度和满意度。

要定期审查和更新绩效考核体系，确保其与组织目标和业务环境保持一致，以帮助组织及时发现问题并进行调整，不断改进和优化绩效管理的流程和方法，从而实现更好的绩效管理。

在制定绩效标准和流程时，应确保绩效考核体系的公正性，避免出现不公平的情况。同时，也应该建立申诉机制，允许员工对绩效考核结果提出异议并进行解决。

为员工提供绩效管理培训和发展机会，帮助他们了解绩效考核体系、提高工作技能和效率，这可以促进员工的个人发展，同时也可以提高组织的整体竞争力。

总之，绩效管理是一个持续的过程，需要不断地监测和调整。通过绩效考核体系的优化，电商客服团队可以提升工作效率，提供更好的客户服务，提高公司的竞争力，从而推动公司的持续进步和发展。

三、明晰客服晋升路径

在整个的客服团队绩效管理中，员工的个人发展也很重要，所以提供给客服人员明晰的岗位晋升路径对于员工和企业都具有重要意义，这可以帮助员工明确自己的职业发展方向，从而更好地规划自己的职业目标和行动计划。

明确的晋升路径可以为客服提供更为广阔的职业发展空间，有助于提高员工的职业满意度和忠诚度。明确的晋升路径也可以激励员工更加积极地投入到工作中，因为他们可以清楚地看到自己的职业未来和发展机会，从而更加努力地工作。

通过提供电商客服岗位晋升路径，企业可以更好地激励和留住优秀的员工，提高员工的工作积极性和工作效率，从而促进企业的发展。

电商客服岗位的晋升路径一般有管理方向、运营方向、培训方向。

（1）管理方向，即从电商客服专员开始，晋升为客服组长、客服主管、客服经理，直至客服总监或客服副总。在这个晋升路径中，个人需要具备较强的综合能力，包括领导力、统筹管理能力，同时也要有敏锐的洞察力和决策能力。

（2）运营方向，即从电商客服专员开始，晋升为运营助理、运营策划、运营/策划主管、市场经理。在这个晋升路径中，个人需要具备较强的思维活跃性，对各类热点信息有敏锐的洞察力，同时具备一定的商业运营知识和能力。

（3）培训方向，即从电商客服专员开始，晋升为客服培训专员、客服培训主管、客服培训经理。在这个晋升路径中，个人需要具备极强的产品、营销方面的专业知识，同时要擅长沟通表达和培训指导。

利用岗位的晋升路径对员工进行绩效奖励是绩效管理的重要内容，在整个客服团队的绩效体系制定和执行时，要充分考虑这些激励性晋升因素，设立清晰的晋升路径和公平的晋升机制，并给客服人员提供相关培训和发展的机会，让客服人员明晰自己的职业发展方向。

四、客服团队的奖惩机制

俗话说，没有规矩不成方圆，奖惩机制在绩效管理中发挥着重要的作用。一个优秀的客服团队需要一套完善、明确、可行的奖惩机制，这是客服人员服务质量的根本保障。无论奖励还是惩罚，最终都是为了保障服务质量，创造更好的绩效。

1．奖励机制

奖励的方式有很多，例如加薪、升职、公开表扬及发放各类有形奖品等，概括地说，奖励可分为薪酬奖励和非薪酬奖励两大类。但并非所有奖励都能促使工作质量提高和团队稳定，也并非奖金越多，激励作用就越大。有效的奖励应符合以下条件。

（1）奖励前，应充分了解员工的多样化需求。

（2）应以奖励成果为主，奖励努力工作的态度为辅。

（3）薪酬福利是基础，还应以多样化的奖励方式进行提高。

（4）默默地给员工支持，同样是一种奖励。

（5）公开表扬和象征性的物质奖励（如小奖品），同样能够产生良好的激励作用。

（6）尽量让更多员工都能在努力和提高的基础上，获得不同的奖励。

表 8-1 所示为某电商客服团队的奖励措施示例。

表 8-1　某电商客服团队的奖励措施示例

序号	奖励方案
1	在工作中表现突出，可以获得奖金或提干机会
2	对本部门提出合理的意见建议，一经采纳奖励 3～10 分
3	在每周会议中分享较好的销售案例，每次奖励 3～10 分
4	在部门群内讨论问题能够积极回复，奖励 3～5 分激励券

续表

序号	奖励方案
5	每周制订工作计划并连续四周完成度80%以上，奖励现金500元
6	接到客户来信、电话、QQ等形式的表扬及嘉奖的，一次奖励20分
7	接到其他部门主管赞许的团队或成员，一次奖励20分
8	发现并及时更正他人错误、避免造成损失的，一次奖励10分
9	工作主动，认真负责，能够以团队、公司利益为重的，一次奖励20分
10	连续三个月获得月度销售冠军者，一次性奖励50分或带薪休假5天

注意，奖励也要符合可持续发展的策略。奖励中，要兼顾物质、荣誉、成就感、社会交往、职业发展等多方面需求。不同企业的客服部应结合自己的特点，在实践中，摸索出一套合适的奖励方案。

2. 惩罚机制

在对客服人员的管理中，只有奖励是不够的。奖励和惩罚应该结合运用。惩罚是一种消极的手段，其本身不能直接产生任何积极的效益。因此，惩罚不但要慎用，还要力求每次惩罚都起到应有的作用。

惩罚虽然是必不可少的，但它终究是一种消极手段，任何形式的惩罚都会对受惩罚者造成一定程度的物质损失或精神伤害。因此，惩罚应“对事不对人”。惩罚的目的是教育客服部的全体员工不要犯同样的错误，因为惩罚的对象本质上是“错误的行为”，而非某些特定的人。在惩罚的实施中应注意，对任何违规行为都不可姑息，要及时惩罚。惩罚应分级别，不同级别的惩罚方式也应不同。不同的违规、犯错要根据事情本身的严重程度进行相应的惩罚，做到公平、公正。

另外，惩罚的目的是惩罚错误的行为，其意义在于避免同类错误再次发生，保证整个团队的服务质量和管理效率。

在制定惩罚措施时，要注意以下几个方面的内容。

（1）惩罚的必要性。有些不必要处罚的行为没有必要惩罚。作为客服管理者，宽容对待下属同样很重要。

（2）哪些行为是不可容忍的？这些行为会对公司绩效造成什么样的伤害？

（3）对于必须惩罚的错误，要弄清其根源是客服人员工作技能的欠缺，还是意识和态度问题？

（4）从工作技能到员工品德，团队管理中不可容忍的底线是什么？

（5）哪些错误是客服人员普遍容易发生的？原因何在？

（6）惩罚能够有效地解决问题吗？有没有一些问题，即使惩罚再严厉，也无法“治本”，甚至连“治标”都很难做到？

在实施惩罚措施时，要注意以下几个方面的内容。

（1）批评尽量在私下进行，既要指明客服人员的错误行为及后果，又不应伤害其自尊心。

（2）不妨用“改进的期许”来代替“对过去错误的指责”。例如，把“你不该迟到”的批评转变为“希望你明天按时来”。

（3）批评缺点前，可先表扬优点。先说成绩，再指出错误。

（4）扣款、降薪等物质性惩罚，应“有法可依、有法必依”，避免“拍脑袋”式的惩罚，或在对既定标准的执行中因人而异。

（5）大多数情况下，严肃惩罚之后，要有较温和的安慰鼓励。

此外，客服管理者要把握好惩罚的尺度。客服人员从事“与人打交道”的工作，建立和谐、热情、积极进取的工作氛围是非常重要的，过多、过严的惩罚不利于形成良好的工作气氛。因此，对客服人员的管理，要力求人性化。但对必须惩罚的事，执行必须到位，而且要做到“制度面前，人人平等”。尺度合理、方法适当的惩罚措施，能提高客服人员的纪律意识。奖励和惩罚有机结合，才是有效激发客服人员服务热情的关键。

任务三　掌握电商客服团队日常工作管理

作为电商客服团队的管理者，除了把握好客服团队的绩效管理、技能提升等关键性问题，其面临的日常工作内容也是非常烦琐的，包括每日的具体工作安排和反馈、客服排班、招聘培训、客服话术更新、活动期间客服团队管理、打造合作友好型团队等。

微课视频

客服团队日常工作管理

一、客服排班

电商客服的工作时间不是固定的，多数店铺的客服晚上也要上班，所以就会涉及客服排班的管理。电商客服团队的排班可以根据不同店铺的工作量、时间要求、业务需求、个人情况进行灵活调整。

（1）根据工作量安排。根据店铺每天的工作量和客服人数进行排班安排，可以实行白晚班轮换制度，每天保持一定数量的客服在线，保证店铺的正常运转。

（2）根据时间要求安排。根据店铺的工作时间进行排班。例如，早班客服可以在上午开始工作，晚班客服可以在下午和晚上工作，保证店铺在一天中的每个时间段都有客服在线。

（3）根据业务需求安排。根据店铺的业务需求进行排班。例如，在店铺的促销活动期间，可以增加客服人数和工作时间，保证店铺的正常运转。

（4）根据个人情况安排。根据客服的个人情况灵活调整排班制度。例如，对于需要照顾家庭的客服，可以安排较为灵活的工作时间，避免影响家庭生活。

在排班时，需要注意合理安排工作时间，避免让客服长时间连续工作，导致疲劳和不满情绪；灵活调整工作时间，由于电商行业的特殊性，需要根据实际情况灵活调整工作时间，以满足店铺的需求和客服的实际情况；保持沟通和反馈，排班后需要及时通知相关人员，包括客服本人、其他客服和店铺管理人员。同时，也需要及时收集和反馈客服的意见，以便不断优化排班制度。

二、客服话术更新

不管是哪个行业、哪个店铺，客服的话术都不可能是一成不变的，都需要根据运营需要及时地更新和变化，它是提高服务质量的关键之一。不断更新和改进话术，可以让客户感受到更好的服务和关怀，同时也可以提高客服团队的专业素质和服务水平。客服团队的管理人员，要定期梳理话术，根据需要进行话术的更新和优化。

需要更新的话术一般是固定话术，如欢迎语、针对未付款订单的催付话术、热门产品的库存话术、结束语等。这些都会因店铺的运营策略、产品情况等原因而发生变化，不能一味地使用设置好的固定话术。客服管理人员要及时根据客户反馈、策略变化对话术进行调整和优化，并及时通知客服人员。

当店铺举行活动或有新品上架时，通常也需要进行话术的更新。一方面进行快捷语的更改，另一方面进行客服新业务的话术培训，让客服对活动和新品的情况有所掌握，以更好地服务客户。

三、活动期间客服团队管理

在大促活动期间，因客服团队的工作流程和重点会发生变化，客服团队的工作量也会增加，所以客服团队的管理非常重要，这关系到大促活动的顺利进行和活动效果。在此期间，客服管理人员除了要做好日常的管理，还需要对大促活动进行培训和指导，更重要的是需要制定和实施电商客服大促激励政策。电商客服大促激励政策可以帮助激发客服团队的积极性和动力，提高他们在大促活动期间的服务质量和工作效率。大促活动期间客服团队管理的内容包括以下几个方面。

1. 设定目标和奖励机制

在大促活动开始之前，清晰地定义客服团队的目标和预期效果。大促活动期间，客服的工作量会大于平时，为了激励客服团队更好地应对大促活动，需要设定目标和奖励机制。例如，可以设定客服目标和绩效考核目标，客服目标常见的有提高客服咨询转化率、提高下单支付转化率、降低未发货退款率（大促期间客户买的多退的多，需提前做好售后预防）；绩效考核目标有客单价、销售额、转化率、响应时间、退款金额、下单支付率等。另外，可以设置个人和团队级别的奖励，如奖金、提成、礼品或特殊福利，以激励客服团队努力完成大促目标。具体指标可参考以往大促活动，奖励形式和程度视公司而定。注意，设置激励方案是要遵循物质激励和精神激励相结合、个人激励和团队激励相结合、短期激励和长期激励相结合等原则。

2. 提供培训和知识分享

在大促活动开始之前，为客服团队提供充分的相关培训和知识分享，确保客服熟悉促销规则、产品信息、订单处理流程和常见问题。模拟大促活动期间可能遇到的问题，进行实战演练，这有助于提高客服团队的专业水平，更好地应对客户的需求和问题。客服管理人员在活动方案确定后，就需要着手准备培训相关内容。表 8-2 所示为某天猫店铺客服管理人员梳理的“双十一”活动培训大纲。

表 8-2　某天猫店铺客服管理人员梳理的“双十一”活动培训大纲

培训项目	培训内容
产品知识	品牌介绍、产品属性、产品包装、活动价格、产品卖点、产品知识、产品规格、材质面料、功效功用

续表

培训项目	培训内容
售前	话术准备；快捷短语的编写（欢迎语、等候语）；快递、发货问题；价格、发票问题；突发情况（优惠使用）；产品相关问题；修改信息；核对订单；结束语（引导关注、收藏）
售后	催付、订单跟进、退换货
话术高压线	不能随意承诺发货时间、发票金额不能虚开、不能频繁使用快捷回复、回复慢需先致歉、核对地址信息需谨慎
活动引导	预热内容（优惠券领取、关注加购、扫码加群）
插件及工具使用	机器人的使用（设定热门问题和答案）、店小蜜
危机处理预案	断电断网、系统问题、咨询量暴增、优惠券使用不成功、其他异常

3. 强调团队合作

鼓励客服团队之间的合作，共同应对高峰期的流量。可以设立团队奖励，如最佳团队合作奖或团队业绩奖，以激励团队成员之间的合作，提高整店的服务质量和效率，以达到更好的活动目标。

4. 实时监控和反馈，保持沟通和更新

建立实时监控系统，活动期间跟踪客服团队的工作表现和指标，了解他们的工作状况和遇到的问题，并及时给予正面反馈和认可，同时提供改进建议和指导，必要时进行工作流程和策略的调整，帮助他们不断提高工作效率和服务质量。如果在线咨询量过大，就要进行分流，并收集共性问题。如咨询量少，可安排客服进行实时催付、订单跟进等工作。

5. 合理分配资源，倡导工作生活平衡

根据预期流量和客户需求，合理分配客服人员和其他资源。如果可以，使用自动回复系统或智能客服机器人，减少人工客服的工作量。尽量避免客服过度加班，应关注客服团队的工作生活平衡，提供适当的休息时间和福利，关心客服人员的身心健康，以确保其保持良好的工作状态和积极的工作态度。

6. 合理安排客服人员

在活动方案确定后，客服管理人员就要对客服人员的排班安排有所计划。最基本的是确认售前和售后的人数。通常，售前人数预估=店铺目标销售额/客单价×客服销售占比/询单转化率/全天最大接待量；售后人数预估=预估订单量×退货率/售后咨询占比/全天最大接待量。其中，店铺目标销售额指当天活动的目标销售额；客单价、客服销售占比、询单转化率指标可参考以往大促活动指标；全天最大接待量参考以往活动。表 8-3 所示为某淘宝店铺“双十一”期间的售前、售后客服人数预估。

表 8-3 某淘宝店铺“双十一”期间的售前、售后客服人数预估

售前客服人数预估										
去年双十一数据						今年预估数据		今年人数需求		
销售目标/元	客单价/元	订单量	转化率	客服占比	人均饱和/人	转化率	客服占比	在线总数	全职	兼职
5000000	500	10000	42.52%	27.21%	350	45%	28.5%	19	15	4
计算公式：售前人数预估=店铺目标销售额/客单价×客服销售占比/询单转化率/全天最大接待量										

售后客服人数预估									
去年双十一数据						今年预估数据	今年人数需求		
销售目标/元	客单价/元	订单量	退货率	售后咨询占比	人均饱和/人	售后咨询占比	在线总数	全职	兼职
5000000	500	10000	8%	28%	200	30%	13	8	5
计算公式：售后人数预估=预估订单量×退货率/售后咨询占比/全天最大接待量									

注意，在安排客服人员时，需要将售前和售后时间错开，可以互相调配。另外，在大促活动期间，除了售前和售后人员，还需安排额外的专门人员，如退款处理人、退货处理人、物流处理人、评价处理人等，以专门人员负责专门事务，更加高效。

7. 组织激励活动和竞赛

在大促活动期间，可以组织一些激励活动和竞赛，增加客服团队的参与度，以提高客服团队的工作效率。例如，设置销售冠军奖、问题解决速

度竞赛、客户满意度投票等，以激发团队成员的竞争力和积极性。

8. 提供技术支持，关注心理疏导

要确保客服团队在大促活动期间拥有高效、稳定的技术支持，比如合适的软件工具、良好的网络支持等。同时要关注客服团队的情绪和心理健康，活动期间的咨询量会增加，业绩指标也可能会提高，客服人员可能会有一定心理压力，要及时关注他们并提供一些心理疏导，帮助客服人员应对压力。

四、打造合作友好型客服团队

任何一个管理者都希望拥有一个合作友好型的团队，这样的团队成员之间有良好的合作和互助精神，更愿意为团队目标而努力，团队凝聚力强；他们可以感受到被尊重、被支持和被认可，成员的工作积极性和工作满意度都较高；他们之间有着开放的沟通和共享的经验，互相启发和激发灵感，团队的创新力较强。打造一个合作友好型客服团队，可以从以下几点着手。

（1）团队文化。建立一种合作、尊重和共享的团队文化，鼓励团队成员相互支持和分享经验。通过定期的团队建设活动、社交活动来促进团队成员之间的交流和合作。

（2）培训和发展。提供持续的培训和发展机会，帮助客服人员提升技能和知识储备。这包括定期的产品知识培训、沟通技巧培训及解决客户问题的培训。

（3）良好的工作环境。确保客服人员的工作环境舒适、友好，且支持他们的高效工作。这包括提供必要的技术工具、确保网络连接稳定、提供足够的休息空间等。

（4）明确的角色和责任。明确每个客服人员的角色和责任，确保他们知道自己的任务和期望，这有利于提高他们的工作效率并减少混乱。

（5）有效的沟通。确保团队内部及团队与客户之间有有效的沟通渠道。例如，设置多渠道客服联系方式，使客户可以方便地联系到客服团队。同时，鼓励客服人员主动与客户沟通，了解他们的需求和问题。

（6）反馈和改进。定期收集客户的反馈，并根据反馈进行必要的改进。这不仅可以提高客户的满意度，还可以提升客服团队的协作精神。

（7）合理的激励机制。设立合理的激励机制，对表现优秀的客服人员进行表彰和奖励，以提高团队士气。

（8）关注员工福利。关注客服人员的福利，例如，合理的工作时间安

排、社会保险、带薪年假等，这有助于提高员工的满意度和忠诚度，进而提高团队凝聚力。

（9）数据驱动决策。通过数据分析来了解客服团队的表现和客户需求，从而做出更明智的决策。例如，分析客服团队的响应时间、解决问题的速度、客户满意度等数据，以便找出需要改进的地方。

任务四 掌握电商客服团队培训管理

对电商客服团队的培训也是客服管理者日常重要的工作内容。只有通过培训，客服人员才能更好地适应工作，提供高质量的客户服务。电商客服团队培训主要包括新员工入职培训、话术培训、沟通能力培训、心态培训、促销活动培训、个性化培训。

微课视频

客服团队培训管理

一、新员工入职培训

新员工入职培训是为了帮助新员工尽快地适应工作环境，掌握岗位所需的知识和技能。新员工入职培训的内容一般包括以下几个方面。

（1）公司介绍和业务流程培训。向新员工介绍公司的背景、发展历程、核心价值观和业务流程等，帮助新员工了解公司文化、业务模式和客服工作的整体情况。

（2）岗位职责和技能培训。针对客服岗位的职责和所需技能进行培训，包括岗位工作内容和标准、客户沟通技巧、问题处理方法等。

（3）产品和服务知识培训。介绍公司产品的详细信息，包括产品功能、特点、使用方法、常见问题及售后服务等，确保新员工能准确了解和解答客户的产品问题。

（4）客服岗位高压线培训。针对客服人员坚决不能做的一些高压线问题进行培训，如平台规则，以防止新客服不熟悉业务导致违反平台规定。

（5）客户服务理念培训。传达公司对客户服务的重视和期望，培养新员工积极主动、礼貌友好、解决问题的态度，并告知公司的服务标准和准则。

（6）沟通和协作技巧培训。培养新员工良好的沟通能力，包括语言表达技巧、沟通技巧、问询和倾听技巧、与其他团队成员合作的技巧。

（7）系统和工具培训。介绍公司内部使用的电商平台、客服系统和其

他相关工具，确保新员工能够熟练操作和应用这些工具。

（8）模拟演练和角色扮演。通过模拟场景进行演练和角色扮演，帮助新员工锻炼应对各种客户问题和情境的能力，并提供及时的反馈和指导。

（9）培训评估和跟进。定期对新员工进行培训效果的评估，了解他们的学习进展和需求，并提供相应的跟进和培训支持。

此外，培训期间还可以设置一对一的辅导（新老员工帮扶、师傅带徒弟）、团队合作项目（团队建设活动）和实际工作接触（试岗）等方式，帮助新员工更好地融入团队并快速成长。

客服管理人员在制订和实施培训计划时，通常要先梳理培训的相关内容，再根据内容制订相应的培训计划。表 8-4 所示为某淘宝店铺新员工入职岗位职责培训内容和客服工作的高压线培训内容。表 8-5 所示为某淘宝店铺新入职客服培训计划。

表 8-4　某淘宝店铺新员工入职岗位职责培训内容和客服工作的高压线培训内容

新员工入职岗位职责培训内容	负责在线接待工作，对待客户咨询响应及时
	熟悉订单销售操作流程，熟悉店铺产品
	严格按照相关规定及流程操作订单，对待客户需要耐心
	用语要专业、规范、亲切自然
	不与客户冲突、争执，不辱骂客户
	收集客户信息、意见及建议
	对特殊用户订单进行跟进、转接
	整理、汇总常见问题并给予公司相应意见
客服工作的高压线培训内容	不能将客户信息发给第三方客户
	发票问题，全部回复有发票
	发票以实际销售金额开
	不可以随便修改邮费，若客户想加钱发顺丰，也不能直接修改邮费，应该发送专门邮费链接让客户拍
	承诺客户的东西一定要备注清楚，予以兑现
	不能随意承诺发货时间
	不在公司网络范围内购买店铺产品，涉及虚假订单
	所有与客户确认的事情，必须在旺旺上再次确认，防止泄露客户信息

表 8-5　某淘宝店铺新入职客服培训计划

培训计划	培训大纲	培训内容	课时	培训对象（签字）
第一天 初出茅庐	认识客服	什么是客服	1 天	新客服
		客服需要做什么		新客服
		掌握物流流程，旺旺/千牛使用介绍		新客服
		学习淘宝相关规则		新客服
第二天 略有小成	认识淘宝	平台介绍	1 天	新客服
		掌握后台操作（支付宝操作、退货退款操作）		新客服
		熟悉公司品牌、产品卖点		新客服
		熟悉店铺常见推广活动，如淘金币、聚划算、天天特价、微淘、手机专享		新客服
		熟悉物流（快递）、仓储情况		新客服
第三天 再接再厉	客服基础培训	熟悉快捷语及基本常见问题解答	1 天	新客服
		掌握客服服务标准		
		掌握基本销售技巧		
第四天 持之以恒	客服工具介绍	掌握相关辅助工具、软件的使用	1 天	新客服
第五天 戒骄戒躁	售前流程	学习客服基本工作流程（议价客户应对、关联销售）	1 天	新客服
第六天 艰苦奋斗	售后流程	学习简单售后问题处理方式	1 天	新客服
第七天 苦尽甘来	实践出真理	师傅带徒弟，试岗实操	1 天	新客服

二、话术培训

客服跟客户沟通的内容就是话术，所以，话术在沟通过程中起着非常重要的作用。客户可以通过客服话术，明确客服意图，还能感知客服的服务态度和专业度，所以话术直接决定着客户的满意度。客服话术包括常用固定话术和个性化情景话术，常用固定话术为常见问题的客服答复，可以

通过设置快捷回复语进行回复，以提高工作效率；个性化情景话术为客服和客户沟通时的话术。在做客服话术培训时，客服管理者不但要培训常用话术的使用，还要重点培训客服人员对情景话术的应用能力。

1. 常用话术培训

常用话术的培训相对简单，客服管理人员需要根据客服岗位的工作流程和常见问题设计好常用的话术，并让客服人员明白使用该话术的场景和重要性。表 8-6 所示为客服常用话术。

表 8-6　客服常用话术

接待咨询	您好，欢迎光临，我是客服小伍，有什么需要帮忙的吗？
质量问题	亲，我们的宝贝都是保证品质的哦，您下单后我会再专门为您备注一下特意检查好再发出，您放心，收到宝贝有任何质量问题我们会包运费退换货！所以请您放心购买哦！
发货时间	亲爱哒，您现在下单，小伍会为您备注好下午优先给您安排发货。
退换货	亲，非常抱歉，我们承担运费给您寄回，再给您换一件。这次会让仓库质检同事认真检查好再发出给您，这次给您造成了不愉快的购物体验，很抱歉呢。
催付	亲，您拍的这个是特价限时限量款哦，拍下了尽快付款哦，我们好尽快给您安排发货。
安抚	非常抱歉呢，亲，给您添麻烦了呢，您反映的问题我们非常重视，这边给您转接到售后专业人员处理，售后目前咨询人数较多，可能需要您耐心稍等片刻！
离开	亲，很抱歉哈，刚才有事离开了一下，让您久等了，马上为您解答和处理问题，谢谢您的耐心等待！
结束语	亲，已经为您下单，感谢您对本店的支持，欢迎再次光临！

当然，常用话术不仅这些，客服管理人员需要根据店铺情况，梳理出常见问题及回复语，并设置到快捷语回复中。

2. 个性化情景话术培训

对于客服人员来说，个性化情景话术的应用也非常重要。个性化的话术能让客户感受到温度和客服的服务态度，更有被服务、被尊重的感觉。这类话术的培训不像常用话术培训，它需要培训人员对情景服务的灵活把握，而且在个性化情景话术培训时也要重点培训客服人员的服务意识、服务专业度和随机应变的能力。

三、沟通能力培训

沟通能力也是客服岗位非常重要的技能之一，沟通能力通常包含一个人的表达能力、倾听能力和语境判断能力。有效的沟通不但让客户感受更好，还能对解决问题起到事半功倍的效果。沟通能力强的客服总能让客户感觉对话的过程很舒适，对服务更满意。虽然沟通能力不是短期培训就能快速提升的，但是，就客服岗位来说，其工作目标明确（服务客户、销售产品），有一定服务标准和基本流程，因此是可以通过一系列的培训来提升的。

首先，制定标准的服务流程，并监督客服人员执行服务流程。一些新入职的客服，可能对服务理念理解得不够透彻，对产品或行业缺乏专业的认识和判断能力，遵守标准的服务流程，有助于他们更好地服务客户。有效监督客服遵守服务流程，可以避免部分客服无效的自由发挥，导致客户不满。

其次，加强服务理念和专业度的培训。客服只有对服务理念深入理解，对产品和行业的知识储备足够丰富，在提供个性化服务时，才能凭借专业知识，提供给客户满意的方案。客服管理人员需要不断加强服务理念的培训和监督，定期举行专业能力的培训，提高客服的服务质量，从而让客服的服务过程更加顺畅、有效。

最后，进行沟通技能和方法的培训。沟通的技能和方法是可以通过培训得到显著提升的，如非语言沟通、倾听技巧、提问技巧、反馈技巧、FAB法则、CLARE方法等，掌握这些技巧会给沟通带来锦上添花的效果。

四、心态培训

良好的工作心态是有效工作的保证，而电商客服人员通常面对咨询量大的压力、绩效的压力，容易心态失衡。作为客服管理人员，要及时关注客服的心理状态，并给予相应的心态调整培训，以帮助客服人员克服不良心态带来的负面情绪。心态培训包括以下几个方面。

（1）帮助客服明确自我定位。每一份工作都是有价值的，客服需要明确自己的工作内容和价值，了解自己的角色和职责，并经常提醒自己。明确了自己工作的定位和价值，并从内心认可，在工作中就能做好情绪的平衡，有利于心态的调整。

（2）帮助客服树立良好的心态。鼓励和帮助客服人员保持一种积极的心态。客服人员在日常的工作中要有同理心，学会换位思考，积极回应并耐心提出自己的诉求，耐心细致地解答客户的问题，用真诚热情的态度去接待每一位客户，从而提高自己的服务质量，获得更高的绩效结果。

（3）建立良好的工作氛围。客服管理人员要制定本部门工作规范、工作程序、工作规则，并与成员沟通，确保本部门工作有序进行，与此同时，还要做好面谈、团建工作，强化与客服成员之间的沟通交流，营造良好的工作氛围，引导员工积极向上，融入团队。

（4）进行有效的情绪管理。客服管理人员要帮助客服成员进行压力缓解，提供情绪管理的培训和支持，让成员学会保持良好情绪状态的方法，寻找缓解情绪的渠道。例如，深呼吸、伸展、冥想、换位思考等都是不错的情绪管理方法。

（5）帮助客服提升自信心。客服人员需要有自信心去应对各种挑战和困难。客服管理人员可以通过相应培训来帮助成员获得更大的自信，也可以通过提高他们的自身能力和知识储备来增强他们的信心。

五、促销活动培训

促销活动在电商活动中是比较常见的，在确定促销活动方案后，客服管理人员就需要专门针对本次活动对客服团队进行细致培训，做好活动的客户服务保障。除了需要对促销的基本情况和要求进行培训，让每一个客服对促销活动的内容都清楚，还需要针对参与促销的人员进行技巧类的培训，以利用促销达到更好的销售目标和服务目标。促销技巧类的培训可以从以下几个方面入手。

（1）促销活动的目的和重要性。培训应首先让客服人员理解促销活动的目的和重要性，例如增加销售额、提高品牌知名度、提升客户满意度等。当客服理解并认可了本次活动的目的和重要性，同时又了解到这与自己的绩效有关系，就能很好地应对促销的工作内容，并全身心地投入到本次促销活动中。

（2）各种促销策略和技巧。让客服了解各种促销策略和技巧，例如限时促销、满减促销、组合优惠等，并知道如何根据不同的客户需求和购买习惯进行推荐。

（3）利用促销活动提升销售额。让客服学习利用促销活动提升销售额。例如，客服需要掌握制定有吸引力的促销策略、提高客户购买的决策效率的方法等。

（4）评估促销活动的成功度。培训也应包括评估促销活动的成功度的方法，客服人员需要了解应如何收集和分析数据、如何评估促销活动的实际效果，并根据评估结果进行调整和优化。

六、个性化培训

客服团队的个性化培训是针对不同员工和岗位需求，定制化、针对性地进行的培训，包括针对某些岗位的定制化培训、某类人员的定制化培训、某个时期的定制化培训。某些岗位的培训主要是针对岗位的特殊性或特殊要求进行的单独培训，比如，活动期间催单员的专项培训；某类人员的培训主要是针对特定人员进行的培训，比如，新员工培训、客服个人辅导；某个时期的培训是客户服务项目的阶段性培训，如大促期间的培训、新品上新时的培训。

不管是哪种培训，培训人员首先要明确培训需求，确定培训目标，在此基础上再制订培训计划。个性化培训通常也需要多样化的培训形式，以保证培训效果，如在线课程、线下研讨会、角色扮演、案例分析、模拟演练、单独辅导等。

在实施个性化培训时，要充分考虑员工的工作性质和时间安排，为员工提供个性化的学习资源和支持。例如，针对新员工可以提供基础培训，帮助他们尽快熟悉工作流程；对于有经验的员工，可以提供进阶培训，进一步提升他们的业务技能；针对某个客服的培训辅导，就要针对该客服的弱项进行强化培训。同时，实行定期轮岗和交流，安排客服人员在不同岗位或部门之间进行轮岗和交流，帮助他们了解公司业务和各部门工作流程，培养客服全面发展的能力。

个性化培训要求客服管理人员关注员工发展，为客服团队成员制定职业发展规划，提供专业培训和发展机会，帮助他们实现个人的职业目标。只有关注员工的个人发展，才能关注到客服团队的需求，提供具有针对性的帮助和支持，从而提高客服团队的整体服务质量。

项目小结

本项目主要介绍了客服团队管理相关内容，包括客服的薪资结构管理、

客服团队的绩效管理、客服团队的日常工作管理、客服团队的培训管理。作为客服团队的管理者，要努力学习客服团队管理的知识。以下是本项目的主要知识点总结。

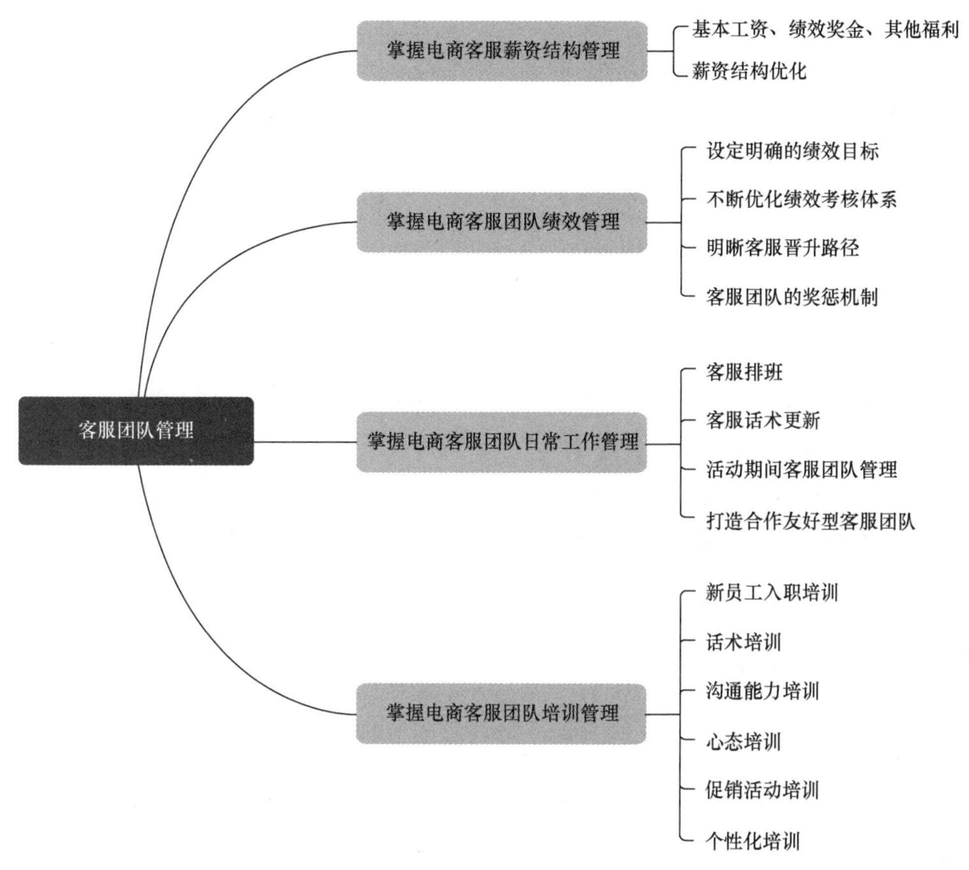

项目实训

为了更好地帮助大家理解和掌握本项目的学习内容，本环节特设置了以下实践训练任务，旨在帮助学习者更好地掌握本项目相关知识和技能。

实训目标

1. 了解人才市场上电商客服企业的薪资标准及结构。
2. 掌握客服团队的绩效管理，能对团队成员进行辅导和帮助。
3. 掌握客服团队培训管理。

实训要求

1. 能分析客服岗位的薪资情况，能判断电商企业客服岗位薪资结构的合理性。

2. 能有效利用绩效管理提高团队效益。

3. 能对客服团队进行培训和指导。

实训内容

1. 请登录各大人才招聘网，如智联招聘、杭州人才网、BOSS 直聘等，查阅 5～10 家电商企业招聘客服的信息，关注其薪资标准及结构，并整理出你的结论。

2. 小伍团队的客服小丽找到小伍，说自己想往客服管理的岗位发展，请你代替小伍给小丽一些建议和帮助。

3. 由于业务量增加，小伍的客服团队即将迎来五位新入职的客服，小伍担负起了他们的业务培训工作，请你为小伍设计一份新员工培训的工作计划。

素养小课堂

世界会向那些有目标和远见的人让路。
人才是企业发展的最宝贵资源。
成功的秘诀在于对工作的热爱和投入。
客户的难题就是我们要开发的课题。
不善合作，一败涂地；齐心协力，共享成功。
有志者自有千计万计，无志者只感千难万难。